정토, 이야기로 보다

찬란한 정토의 세계란
과연
어떤 곳인가?

옛 스승의 말씀으로 살펴보는
정토신앙

목경찬 지음

정토, 이야기로 보다

담앤북스

정토, 이야기로 보다

'南無阿彌陀佛'
'나무아미타불'

　절 입구 돌기둥에 가끔 새겨져 있는 글씨다. '南無阿彌陀佛'을 누군가 농담 삼아 이렇게 번역한다. '남쪽[南]에는 아미타불이 없다[無].' 어떻게 생각해보면 맞는 말인 듯하다. 아미타부처님은 서쪽에 위치한 정토인 극락세계에 계시기 때문이다.

　그러나 그런 뜻이 아니다. 인도어인 '나모'를 한자음을 빌려 '南無'라고 나타내고 '나무'라고 읽는다. 이는 '귀의하다', '돌아가 의지하다', '예를 올리다' 등의 뜻을 가진다. 따라서 '아미타부처님께 귀의합니다.'라는 뜻이다. 아미타부처님의 자비심으로 극락정토에 태어나고자 간절한 마음으로 '나무아미타불'을 외운다.

또 경전에 의하면 정토(淨土)란 서쪽에만 있는 것이 아니다. 동남서북 등에 수많은 정토가 있다. 나아가 '마음이 깨끗하면 이 국토가 깨끗하다.'며 마음의 정토를 언급하기도 한다. 그 많은 정토 가운데 하나가 극락이다. 지극히 즐거운 일만 가득한 곳이다.

이러한 정토로 이끌고자 옛 스승은 자비로운 가르침을 베푸셨다. '죽기 전에 나무아미타불 한 번만 외우면 극락 간다.'는 말씀도 그 가운데 하나다. 그러나 쉽게 받아들이기 힘든 가르침이다.

교리 공부는 신행의 나침반이다. 올바른 신행을 위해서는 부처님 가르침을 새겨보는 시간이 필요하다. 부처님 가르침이 함께해야 신행은 중단 없이 바르게 이어진다.

따라서 이 책에서는 옛 스승의 말씀을 통해 정토 신앙을 살펴보았다. 크게 네 부분으로 전개된다. 제1장 극락정토를 말씀한 스승들, 제2장 극락정토를 말하다, 제3장 아미타불과 법장보살의 48대원, 제4장 극락왕생을 위한 수행법 등이다.

　각 장의 제목에 맞게끔 정토에 대한 몇 가지 주제로 목차를 잡았다. 그 주제 아래 옛 스승의 말씀을 짧은 이야기로 정리하였다. 이야기는 큰 흐름에 따라 이어지지만, 틈틈이 한 토막씩 읽어가도 무방하게 구성하였다.

　이 이야기를 읽는 동안, 정토를 마음으로 볼 수 있었으면 하는 바람이다. 그리하여 왜 옛 스승들이 '죽기 전에 나무아미타불 한 번만 외우면 극락 간다.'고 말씀하셨는지 그 자비심에 공감할 수 있었으면 한다.

　호사다마(好事多魔), 좋은 일에는 장애가 많다고 했던가. 올해 초 구상했던 이 글을, 계속되는 일 속에 제대로 쓸 시간이 없었다. 그러나 오세룡 대표, 이연희 과장 등 출판사 담앤북스 식구들의 도움으로 해를 넘기기 전에 마무리할 수 있었다. 고마운 분들이다.

　그리고 무엇보다 천안 각원사 불교대학 경해학당이 없었다면, 올해 이 글을 구상하지도 않았다. 조실 경해법인 큰

스님, 주지 대원스님 그리고 각원사 모든 식구에게 고마운
마음에 삼배의 예를 올린다.

2019년 12월, 마음 따뜻한 저녁
목경찬 두 손 모음

3장 아미타불과 법장보살의 48대원

제 1 장

극락정토를 말씀한 스승들

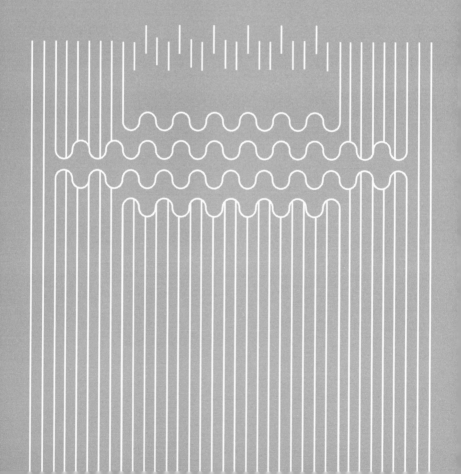

『아미타경』,
극락과 극락왕생을 이야기하다

"사리불이여, 그대의 생각은 어떠한가? 무슨 까닭에 '모든 부처님이 지켜주는 경'이라 이름하는 줄 아는가? 만약 선남자 선여인이 이 경을 듣고 받아 지니거나 부처님의 이름을 듣는다면, 이 선남자 선여인은 모든 부처님의 보호를 받아 모두 아뇩다라삼먁삼보리에서 물러나지 않는다. 그러므로, 사리불이여, 그대들은 마땅히 나의 말과 모든 부처님의 말씀을 믿으라.

사리불이여, 만약 어떤 사람이 아미타부처님의 국토에 태어나고자 이미 발원하였거나, 지금 발원하거나, 앞으로 발원한다면, 그들을 모두 아뇩다라삼먁삼보리에서 물러나지 않고 혹은 이미 태어났거나 혹은 지금 태어

나거나 혹은 앞으로 태어난다. 그러므로 사리불이여, 선
남자 선여인이 만약 믿는다면 응당 그 국토에 태어나기
를 발원해야 한다."

『아미타경』

　위 경전 말씀은 극락세계를 설한 『아미타경』의 끝부분에
해당한다.

　아미타부처님의 서방극락정토를 설한 경전은 여러 가지
가 있다. 그 가운데 『아미타경』 1권, 『무량수경』 2권, 『관
무량수경』 1권이 유명하다. 이를 '정토삼부경'이라 한다.
정토삼부경이라는 명칭은 일본 정토교의 개조 법연스님
(1133~1212)이 처음으로 사용한 후 널리 퍼졌다.

　『아미타경(阿彌陀經)』은 극락세계의 공덕장엄과 극락
세계에 왕생하는 방법을 주요 내용으로 한다. 『무량수경』,
『관무량수경』과 크게 다를 바가 없으며, 두 경전의 내용을
요약한 경전이라 할 수 있다.

　전체 1권으로 구성되어 있으며, '사지경(四紙經)'이라는
별명처럼 분량이 매우 짧다. 그러나 매우 짧은 경전이면서
도 아주 쉽게 정토신앙을 밝혀 놓고 있다. 특히 다른 대부
분의 경전은 제자들의 간청으로 부처님이 설법한 형식이지

만, 이 경은 부처님이 자청해 설한다. 이른바 '무문자설경(無問自說經)'의 하나다.

우선 극락세계 위치와 극락이라는 이름, 아미타부처님의 명호를 밝힌다. 그리고 극락세계의 공덕장엄, 아미타부처님의 명호의 의미, 극락대중 등을 좀 더 자세히 설명한다. 그리고 극락에 왕생하는 방법을 언급한다. 아미타부처님에 대한 이야기를 듣고 아미타불의 명호를 간직하여 혹은 1일 나아가 혹은 7일 동안 한결같은 마음으로 조금도 흐트러지지 않으면, 극락국토에 왕생하게 된다.

이러한 경의 말씀을 모든 부처님이 찬탄한다. 그리고 이 경의 공덕을 언급하며, 부처님의 말씀을 믿기를 당부한다. 끝으로 위에 인용한 경전 말씀처럼 극락왕생을 위해 발원하기를 권한다.

『아미타경』은 중국에서 3회에 걸쳐 번역되었으나, 구나발타라스님이 번역한 경전은 산실되고 현재 2본만 전한다. 바로 『불설아미타경』 1권(구마라집스님 역, 420년), 『칭찬정토불섭수경』 1권(현장스님 역, 650년)이다. 구마라집스님의 번역본이 널리 독송된다. 우리나라에서는 49재 등에 자주 독송한다. 산스크리트본과 티베트본 등도 남아 있다.

『무량수경』, 극락과 법장보살 48대원을 이야기하다

부처님께서 말씀하셨다.

"나는 지금 여러 중생들을 위해 이 경의 가르침을 설하여, 무량수불과 그 국토의 모든 것을 보게 하고, 실천하는 이는 모두 이것을 구할 수 있도록 하였다. 내가 열반에 든 뒤 다시 의심을 일으키지 말라. 미래세에 경전이 다 없어지더라도 나는 자비로써 불쌍히 여겨 특별히 이 경전을 백 년 동안 더 머물게 할 것이다. 어떤 중생이 이 경을 만나면 원하는 대로 모두 건널 수 있다."

부처님께서 미륵보살에게 말씀하셨다.

"여래께서 세상에 출현하시는 때는 만나기도 어렵고 친견하기도 어렵다. 여러 부처님의 경전 말씀을 얻기도 어렵고 듣기도 어렵다. 보살의 뛰어난 법인 바라밀 또한 듣기 어렵다. 선지식을 만나서 법을 듣고 능히 행하는, 이것도 어렵다. 만약 이 경을 듣고서 믿고 즐겁고 받아 지닌다면, 어려운 가운데 어려운 것이며, 이보다 어려운 것은 없다. 그러므로 나의 법은 이와 같이 지었고, 이와 같이 설하였고, 이와 같이 가르쳤으니, 마땅히 믿고 따라서 가르침대로 수행하여라."

『무량수경』

위 내용은 『무량수경』 끝부분으로 유통분에 해당한다. 경전은 크게 서분(序分), 정종분(正宗分), 유통분(流通分) 으로 구분한다. 서분은 경전 도입부에 해당하고, 정종분은 경전의 본론에 해당하고, 유통분은 말 그대로 경전 말씀을 믿고 받아 지니며 널리 전하기를 권하는 마무리 부분이다. 극락과 극락왕생에 대한 수행을 언급하시고 믿고 실천하기를 당부한다.

『무량수경(無量壽經)』은 아미타부처님이 극락세계를 세운[장엄하게 된] 원인과 극락왕생하는 방법을 주요 내용으로 한다.

이 경의 범어 이름은 수카바티-뷰하(Sukhāvati-vyūha)

로서『아미타경』과 범어 이름이 같기 때문에『아미타경』을
『소경(小經)』이라고 하고, 이『무량수경』을『대경(大經)』이
라고도 한다. 혹은『대무량수경』이라고 한다. 또는 2권으로
되어 있기 때문에『쌍권경(雙卷經)』이라고도 한다.

　이 경은 상·하 2권으로 구성되어 있다.

　상권에서는 아미타부처님이 극락정토를 장엄하게 된 원
인, 장엄공덕인 과보(果報)를 설한다. 아미타부처님이 일
찍이 법장(法藏)보살이었을 때 48대원을 세우고 '누구든지
당신의 원력(願力)을 믿고 따르는 이는 모두 다 반드시 구
제하여 극락세계에 태어나게 하리라. 만약 이 일이 성취되
지 않는다면 차라리 깨달음을 얻지 않겠다.'고 맹세한다.
그리하여 오랜 세월을 두고 온갖 수행을 거듭한 결과 법장
보살은 서원을 성취하여 아미타부처님이 되고, 공덕과 장
엄이 원만하게 갖추어진 극락세계를 건설하게 된다.

　『무량수경』은 한역본으로는 12가지가 있었다. 7본은 산
실되고 5본이 남아 있다.『무량청정평등각경』4권(지루
가참스님 역, 147~186년),『대아미타경』2권(지겸스님 역,
223~228년),『대승무량수장엄경』3권(법현스님 역, 980년),
『불설무량수경』2권(강승개스님 역, 252년),『대보적경』2권
(보리유지스님 역, 706~713년) 등이다. 일반적으로『무량수

경』이라고 하면 『불설무량수경』 2권(강승개스님 역)을 말한
다. 현재 산스크리트본, 티베트본 등이 남아 있다.

『관무량수경』,
극락을 마음으로 관하다

부처님께서 아난에게 말씀하였다.

"이 경을 '극락국토·무량수불·관세음보살·대세지 보살을 관하는 경'이라 이름한다. 또한 '업장을 깨끗하게 없애고 부처님 앞에 태어나는 경'이라 이름한다. 그대들은 받아 지니고 잊지 않도록 하라. 이 경에서 말하는 삼매를 닦는 자는 바로 이 몸으로 무량수불과 두 보살을 친견할 수 있다. 만약 선남자 선여인이 단지 부처님 명호와 두 보살의 명호를 들어도 무량겁에 죽고 사는 동안 지은 죄를 없앨 수 있는데, 하물며 깊이 생각하는 경우는 어떻겠는가. 만약 부처님을 생각한다면, 마땅히 알라. 이 사람은 곧 사람 가운데 분다리화 연꽃이다. 관

세음보살과 대세지보살이 이 사람의 좋은 친구가 되고,
이 사람은 마땅히 도량에 앉아서 모든 부처님 집안에 태
어난다."

　부처님께서는 아난에게 말씀하셨다.

　"그대는 이 말을 잘 간직하라. 이 말을 간직한다는 것
은 곧 무량수불의 명호를 간직하는 것이다."

『관무량수경』

　위 내용은 『관무량수경』의 끝부분인 유통분에 해당한다.
『관무량수경(觀無量壽經)』은 『관무량수불경』, 『무량수관
경』이라고도 한다. 약칭으로 『관경』이라 한다.

　아미타불과 관세음보살과 대세지보살 그리고 극락정토
의 장엄을 생각으로 관찰하는, 16관(觀)을 자세하게 설명
한다. 위제희왕비가 고뇌를 떨치고 극락정토로 구제되어가
는 순서를 관상(觀想)의 설법으로 명백히 밝혀, 타력구제의
진실성을 중생에게 알려주고자 한다.

　석가모니부처님이 기사굴산(영축산)에 계실 때 왕사성
에서는 태자 아사세가 제바달다의 꼬임에 빠져 아버지 빔
비사라왕과 아버지를 보호하던 어머니 위제희왕비를 가두
는 사건이 발생했다. 위제희왕비의 호소에 석가모니부처님

은 신통력으로 왕비의 처소에 몸을 나툰다. 그리고 왕비를 위해 16관의 수행법을 설한다.

　마음을 가다듬고 생각을 한 곳에 모아서 서방을 생각한다. 먼저 서쪽 하늘에 해가 지는 것을 생각한다(①일상관(日想觀)). 물을 생각하고, 얼음을 생각하고, 유리를 생각하고, 유리로 된 극락의 대지를 생각한다(②수상관(水想觀)). 극락의 대지를 좀 더 자세하게 생각한다(③지상관(地想觀)). 극락에 있는 보배나무를 생각하고, 보배나무에서 빛나는 광명을 생각한다(④보수관(寶樹觀)). 보배연못을 생각하고, 연꽃을 생각한다(⑤보지관(寶池觀)). 보배누각을 생각하고, 누각 가운데 천상의 음악이 흘러나오는 것을 생각한다(⑥보루관(寶樓觀)). 보배로 된 연화대를 생각한다(⑦화좌관(華座觀)). 그 연화대에 있는 불상을 생각한다(⑧상관(像觀)). 그리고 이제 불상이 아니라 아미타부처님 진신을 생각한다(⑨진신관(眞身觀)). 관세음보살 진신을 생각한다(⑩관음관(觀音觀)). 대세지보살 진신을 생각한다(⑪세지관(世至觀)). 극락에 자신이 태어나서 연꽃에 앉아 있는 모습을 생각한다(⑫보관(普觀)). 아미타부처님, 관세음보살, 대세지보살이 여러 국토에 나투는 모습을 생각한다(⑬잡상관(雜想觀)). 극락왕생하고자 하는 상배를 생각한다(⑭ 상배관(上輩觀)). 중배를 생각한다(⑮ 중배관(中輩觀)). 하배를 생각한다(⑯ 하배관(下輩觀)).

16관법에 대한 설법이 끝나자 위제희왕비는 극락세계와 아미타부처님 등을 보고, 진리의 실상을 깨닫는 무생법인(無生法忍)을 환히 깨닫게 되었다.

끝으로 이 경전의 이름과 공덕을 말하고, 염불의 공덕을 언급한다. 그리고 거듭 아미타부처님의 명호를 간직하기를 당부한다.

『관무량수경』은 2본의 한역본이 있었다. 현재 강량야사 스님의 번역본(423~453)만 남아 있다. 산스크리트본이나 티베트본은 없다.

정토를 알린
인도의 스승

"부처님 법에는 한량없는 문이 있다. 가령 세간의 길에 어려운 길이 있고 쉬운 길이 있다. 육지의 길로 걸어가면 괴롭고, 물의 길로 배를 타면 즐겁다. 보살의 길도 그러하다. 혹은 부지런히 행하며 힘써 나아가는 경우가 있고, 혹은 믿음의 방편으로써 쉽게 행하며 힘써 나아가서 아유월치[불퇴전지(不退轉地), 물러나지 않는 지위]에 빨리 이르는 경우가 있다. 가령 다음 게송에서 말한다.

동방 선덕불, 남방 전단덕불,
서방 무량명불, 북방 상덕불,

동남방 무덕불, 서남방 보시불,
서북방 화덕불, 동북방 삼승행불

하방 명덕불, 상방 광중덕불
이러한 여러 세존께서
지금 현재 시방에 계시네.

만약 어떤 사람이 불퇴전지에
빨리 이르고자 한다면
응당 공경하는 마음으로써
명호를 지니며 불러야 하네.

만약 보살이 이 몸으로 아유월치의 경지에 이르고, 아
녹다라삼약삼보리를 성취하고자 하면, 이 시방 부처님
을 생각하고 그 명호를 불러야 한다.”
『십주비바사론』「이행품」(용수보살 저)

이 글은 정토사상의 시발점이 되는 유명한 구절이다. 세
상에는 쉬운 길과 어려운 길이 있다. 가령 육로(陸路)는 걸
어가니 힘들다. 반면 수로(水路)는 배를 타고 가니 즐겁다.

마찬가지로 힘겹게 정진하여 깨달음을 얻는 수행법도 있지만, 믿음의 방편으로 쉽게 수행하여 빨리 깨달음을 얻는 수행도 있다. 그것은 바로 부처님을 생각하고 부처님의 명호를 간직하여 부르는 수행법이다.

이를 보통 난행도(難行道)와 이행도(易行道)라고 언급한다. 염불수행이 바로 이행도, 즉 쉬운 수행법이다. 이를 시작으로 많은 스승들이 정토사상을 정리하고, 염불수행 하는 정토행자가 되기를 권한다.

인도에서 정토를 논한 스승은 마명보살, 용수보살, 무착보살, 세친보살 등이다. 매우 훌륭한 스승이기에 보살이라 칭한다. 이분들은 정토 교학의 시조라고 할 수 있겠지만, 정토교를 체계적으로 정립하지는 않았다. 단지 이분들이 남긴 가르침을 토대로 이후 정토사상이 전개되었다.

마명보살(100~150년경)은 『대승기신론』 끝부분에서 정토경전을 인용하며 염불수행을 간단하게 언급하였다.

무착보살(310~390년경)은 유식사상의 기본 논서인 『섭대승론』에서 정토를 언급한다. 이곳에서는 극락에 태어나고 싶다고 원하면 왕생할 수 있다는 것은 '별시의(別時意)'라고 말한다. '별시의'란 '부처님께서 중생을 수행에 이끌고자 실제로 먼 미래의 별도의 때에 깨달음을 얻을 수 있는데도 즉시 얻을 수 있는 것처럼 말씀하셨다.'는 뜻이다. 이후 별시의에 대해 여러 해석이 등장한다. 원효스님은 정토수행 가운데 별시의도 있고 별시의가 아닌 것도 있다는 견해를 낸다.

세친보살(320~400년경)은 무착보살의 동생으로 유식 사상의 큰 산이다. 『아미달마구사론』, 『유식삼십송』, 『유식이십론』, 『섭대승론석』, 『십지경론』, 『무량수경우바제사원생게』(보통 『정토론』, 『왕생론』이라 칭함) 등의 유명한 저술이 있다.

"어떻게 관하고 어떻게 신심을 내는가? 만일 선남자 선여인이 오념문 닦기를 이룬다면 결국 안락국토에 나서 그 아미타부처님을 뵐 수 있다. 어떤 것이 오념문인가? 첫째는 예배문이고, 둘째는 찬탄문이고, 셋째는 작원문이고, 넷째는 관찰문이고, 다섯째는 회향문이다.

어떤 것이 예배인가? 몸의 업[신업(身業)]으로 아미타여래 응공 정변지에게 예배한다. 그 나라에 태어나고자 하기 때문이다.

어떤 것이 찬탄인가? 입의 업[구업(口業)]으로 찬탄하여 그 여래의 명호를 부른다. 그 여래의 광명지상(光

明智相)처럼, 그 명호의 뜻처럼, 여실하게 수행하여 상응하고자 하기 때문이다.

어떤 것이 작원인가? 마음으로 항상 원을 세운다. 오로지 한마음으로 결국에는 안락국토에 왕생하려고 생각한다. 사마타를 여실하게 수행하고자 하기 때문이다.

어떤 것이 관찰인가? 지혜로 관찰한다. 정념(正念)으로 그것을 관한다. 비바사나를 여실하게 수행하고자 하기 때문이다. 그 관찰에 세 종류가 있다. 어떤 것이 세 종류인가? 첫째는 그 불국토의 공덕장엄을 관찰한다. 둘째는 아미타부처님의 공덕장엄을 관찰한다. 셋째는 그곳의 모든 보살의 공덕장엄을 관찰한다.

어떤 것이 회향인가? 고뇌하는 모든 중생을 버리지 않고 마음으로 항상 소원을 지어 회향하기를 우선으로 한다. 대비심을 성취하기 때문이다."

『무량수경우바제사원생게』(세친보살 저)

정토를 알린
중국의 스승

"삼가 생각하건대 용수보살이 『십주비바사론』에서 '보살이 아비발치를 구하는 데 두 가지 길이 있다.'고 하였다. 첫째는 난행도이고, 둘째는 이행도이다.

난행도를 말해보자. 이른바 오탁악세, 부처님이 계시지 않는 시기에 아비발치를 구하는 것은 어렵다. 이 어려움에 많은 여정이 있다. 대략 다섯 가지 혹은 세 가지로써 그 뜻을 나타낸다. 첫째는 외도가 선(善)을 가장하여 보살법을 방해한다. 둘째는 성문의 자리(自利)가 대자비를 방해한다. 셋째는 돌아보지 않는 악한 사람이 다른 이의 뛰어난 덕을 파괴한다. 넷째는 잘못된 선과(善果)로 올바른 행을 파괴한다. 다섯째 오직 자력만 있고 타력의 지켜줌이 없다. 이러한 이들은 눈에 보이는 대로 모두 이렇다. 비유하면 육로로 걸어가면 곧 괴로운 것과 같다.

이행도를 말해보자. 이른바 단지 부처님을 믿는 인연으로 정토에 태어나기를 원하면, 부처님 원력으로 곧 그 청정한 국토에 왕생할 수 있다. 그리고 부처님의 힘으로 대승의 정정취(正定聚)에 들어간다. 정정이란 곧 아비발치다. 비유하자면 수로로 배를 타고 가면 곧 즐거운 것과 같다.

이 『무량수경우바제사』는 대승의 극치로서 뒤로 물러나지 않고 바람을 타고 항해하는 것이다."

『왕생론주』(담란스님 저)

이 글은 세친보살의 『무량수경우바제사원생게』(일명 『정토론』, 『왕생론』)를 주석한 중국 담란스님의 『왕생론주』의 첫 부분이다. 『왕생론주』는 용수보살이 『십주비바사론』에서 언급한 두 가지 길을 언급하며 그 뜻을 풀이하고, 세친보살의 『무량수경우바제사원생게』를 극찬하며 시작한다.

즉, 정토신앙은 인도의 용수보살과 세친보살에 의하여 부각되고, 중국으로 전래되어 크게 발전하였다. 중국에는 크게 세 가지 흐름이 있다. 첫째는 여산 혜원스님이 『반주삼매경』에 근거하여 견불(見佛)을 목적으로 염불삼매를 닦는 흐름이다. 둘째는 『아미타경』, 『무량수경』, 『관무량수경』을 중심으로 담란스님, 도작스님, 선도스님, 회감스님, 소강스님으로 이어지는 흐름이다. 셋째는 자민 혜일스님이 제창한 선, 정토, 계율을 병행해서 수행하는 흐름이다.

혜원스님(334~416)은 여산 동림사의 아미타불상 앞에서 승속 123인과 함께 극락왕생을 서원하며 30년간 염불정진하였다. 이것이 백련사(白蓮社)의 염불결사이다. 이러한 염불결사가 중국 정토신앙의 시발이 되어 그 이후 많은 정토행자를 배출하였다. 혜원스님은 정토삼부경이 아니라 『반주삼매경』을 중심으로 아미타부처님을 관견(觀見)하여 정토에 왕생하기를 원한다. 이 점에서 후대 도작스님 등의 칭명염불 중심의 정토교와 다르다.

담란스님(476~542)은 출가 후 병에 걸려 무병장수의 법을 배우다가 우연히 보리유지스님을 만나 『관무량수경』을 받고서 정토행자가 되었다. 세친보살의 『왕생론』을 주석하여 정토교를 선양하였다. 특히 용수보살의 난행도, 이행도의 이도(二道)를 채택하여 정토교의 위치를 정립하였다. 저서로는 『왕생론주』 2권, 『약론안락정토의』 1권, 『찬아미타불게』 1권이 있다.

도작스님(562~645)은 담란스님의 정토사상을 계승하였다. 『열반경』을 강독하고, 공사상을 공부하였다. 그러다가 이전 공부를 내려놓고 정토행자의 길로 들어섰다. 부처님 명호를 부르는 것을 수행으로 삼았는데, 하루에 7만 번에 이르렀다. 스님은 이행도와 난행도 대신에 성도와 정토라는 용어를 사용하였다. 따라서 불교체계를 성도문(聖道門)과 정토문(淨土門)으로 구분하였다. 저술로는 『안락집』 2권만이 전해진다.

"모든 대승경전에는 일체의 수행법을 분별한다. 모두가 자력과 타력이 있으며 자력으로 섭수하고 타력으로 섭수한다. …

이곳에서 마음을 일으켜 수행을 세우고 정토에 왕생하길 발원하는 것이 자력이며, 임종할 때에 아미타불의 광명의 누대에서 영접을 받아 왕생할 수 있는 것이 바로 타력이다."

『안락집』(도작스님 저)

선도스님(613~682)은 담란스님, 도작스님의 가르침을 이어받았다. 출가 후 여러 경전을 독송하였으나 도를 얻는 것이 멀기만 하였다. 어느 날 경전을 둔 장경각에 들어가 손이 닿는 대로 하나의 경전을 잡았는데 그것이 『관무량수경』이었다. 이후 16관법을 오로지 수행하였다. 이후 여산에 들어가 혜원스님의 유적지를 돌아보고 정업을 닦기로 마음을 더욱 굳혔다. 그리고 이후 도작스님의 가르침을 받고서 아미타부처님의 정업을 닦았다. 저서 가운데 『관무량수불경소』(일명 『관경사첩소』) 4권은 선도스님의 염불사상을 알 수 있는 매우 유명한 책이다. 선도스님은 담란스님과 도작스님의 사상을 근본으로 자신의 정토관을 정립하였다. 특히 본원염불(本願念佛)로써 왕생한다고 주장하였다. 본원염불은 관념하고 사유하는 염불이 아니라, 오직 아미타불의 명호를 칭명하는 염불임을 분명히 하였다.

정토를 알린
한국의 스승

"이제 이 경전(『무량수경』)은 보살장[대승경전]의 가르침 가운데 본보기가 되는 말씀이며, 불국토의 인과를 밝힌 진실한 책이다. 원행(願行)의 비밀과 심오함을 밝히고, 과보의 공덕이 영원함을 나타낸다.

(정토의) 열여덟 가지 원만하고 청정함은 삼계를 뛰어넘어 결코 비할 데 없고, (정토에 왕생하는 이의) 오근과 상호는 육욕천과 견줄 바가 아니다. 보배로운 향기와 진리의 맛으로 몸과 마음을 기르니, 누구에게 아침에 굶주리고 저녁에 목마른 고통이 있겠는가. 구슬로 꾸민 숲의 향기로운 바람은 항상 적절하게 따뜻하고 시원해서 겨울 추위와 여름 더위가 본래 없다. 여러 신선들이 함께

모여 때때로 팔공덕수의 연못에서 목욕한다. 이로 말미암아 싫어할 만한 흰머리와 주름살을 영원히 멀리하고 좋은 벗들이 서로 따른다. 시방의 불국토에 자주 노니면서 달래기 어려운 근심과 노고를 멀리 보낸다.

하물며 다시 법의 메아리를 듣고 무상(無相)에 들고, 부처님의 광명을 보고 무생(無生)을 깨달음이랴! 무생을 깨달으니 생겨나지 않는 것이 없고, 무상에 들어가니 상(相)이 아닌 것이 없다.

지극히 깨끗하고 지극히 즐거운 것은 마음과 생각으로 헤아릴 바가 아니다. 끝이 없고 막힘도 없으니 어찌 말로써 다 할 수 있겠는가. 다만 설법할 수 있는 분 가운데 부처님이 으뜸이며, 의보(依報)와 정보(正報) 두 가지 가운데 수명이 긴 부분을 위주로 하였기에 『불설무량수경』이라 이름한다.”

『무량수경종요』(원효스님 저)

위의 『무량수경종요』는 원효스님이 『무량수경』의 중심이 되는 가르침을 정리한 글이다. 중국이 『관무량수경』을 중심으로 정토의 가르침을 펼쳤다면, 한국은 『무량수경』, 『아미타경』을 중심으로 가르침을 펼쳤다. 정토를 알린 한국의 스승으로는 신라의 자장스님, 원효스님, 의상스님, 현일스님, 원측스님, 경흥스님, 태현스님, 둔륜스님 등이 있다. 물론 이분들은 정토교에 전념한 분이 아니라, 화엄이나 법상[유식]을 주로 연구하였다. 정토사상이 각자 전공하는 분야의 영향을 주고받았기 때문에 혹은 대중 교화를 위해서 정토의 가르침을 전하였다.

자장스님(?~?)은 선덕왕 5년(636) 당에 들어가 오대산 등에서 수행한 뒤 선덕왕 12년(643)에서 귀국하여 불법을 펼쳤다. 『보살계본』을 강론하는 등 계율을 중심으로 교화하였다. 정토 관련 저서로는 『아미타경의기』 1권과 『아미타경소』 1권이 있었지만, 현재 산실되고 없다.

원효스님(617~686)은 너무도 유명하다. '나무아미타불'을 원효스님이 퍼지게 하였다고 추정하지만 확실하지 않다. 원효스님과 관련된 글에서 나름 그럴 만한 정황은 잡히지만, '나무아미타불 관세음보살'이라는 명구는 나타나지 않기 때문이다. 가령 인도 마명보살이 쓴 『대승기신론』에 대해 원효스님이 설명을 덧붙였는데, 그 『대승기신론』에 '아미타불'을 생각하는 공덕이 나온다. 또 원효스님이 저잣거리에서 무애박을 두드리며 대중을 교화하였는데, 이로 인해 대중 모두 염불 한 마디는 할 줄 알게 되었다는 이

야기가 『삼국유사』에 전해진다. 원효스님의 저서는 현재
밝혀진 것만도 86부 180여 권에 달한다. 그 가운데 현존하
는 정토 관련 저서로는 『무량수경종요』 1권, 『아미타경소』
1권이 있다. 그리고 『무량수경종요』에다 내용을 좀 더 추가
한 『유심안락도』가 있다. 더 붙인 내용 가운데 원효스님이
열반한 후에 번역된 경전이 인용되었다는 이유 등으로 저
자 논란이 있다.

　의적스님(702~736)은 의상스님의 10대 제자 가운데 한
분으로 당나라에 들어가 유식학을 연구했다. 많은 저서가
있었지만 모두 산실되고, 현재 『보살계본소』 3권, 『법화경
론술기』 1권만 남아 있다. 산실된 정토 관련 저서로는 『무
량수경소』 3권, 『무량수경술의기』 3권, 『관무량수경강요』 1
권, 『관무량수경소』 1권, 『미륵상생경요간』 1권 등이 있었
다. 그 가운데 『무량수경술의기』 3권을 1940년 일본에서
복원 간행하였다. 이 책에 의하면, 스님은 혜원스님의 사상
을 계승하면서, 한편으로는 선도스님의 칭명염불을 도입하
고 있다.

　경흥스님(7세기 중~8세기 초)은 신라 문무왕(681~692) 때
의 고승이다. 18세에 출가하여 삼장에 통달하였다. 스님은
많은 저술을 남겼는데, 거의 미륵사상에 중점을 두고 있다.

현존하는 저서로는『무량수경연의술문찬』3권,『삼미륵경소』1권,『금광명최상승왕경약찬』5권이다.『무량수경연의술문찬』은『무량수경』을 주석하면서, 쟁점이 되는 여러 주장을 수록하고, 취사선택하고 있다.

정토를 알린
일본의 스승

"아미타부처님께서 옛날 서원한 본원도 널리 일체중생을 위함이다. 지혜가 없기 때문에 염불을 원하고, 지혜가 있는 자를 위해서는 다른 어렵고 깊은 행을 원하는 것이 아니다. 시방중생을 위하여 지혜가 있는 자든 지혜가 없는 자든, 선인이든 악인이든, 계를 지키는 이든 계를 파하는 이든, 좋아하든 싫어하든, 남자든 여자든 혹은 부처님 재세시나 부처님 입멸 후 근래의 중생이든 혹은 석가모니부처님의 말법 만년 뒤 삼보가 모두 파괴되는 때의 중생까지 널리 모두 거두어주신다."

『서방지남초(西方指南抄)』(법연스님 법어집)

염불수행을 이행도[쉬운 수행의 길]라 하여 지혜가 없는 사람이 하고, 지혜가 있는 사람은 다른 어렵고 깊은 행을 하도록 아미타부처님께서 원을 세운 것이 아니다. 지혜가 있든 없든, 선인이든 악인이든 모든 중생을 위해 부처님께서 염불수행을 권하셨다. 이 인용문은 일본 정토종을 개창한 법연스님의 가르침이다.

당나라에서 돌아온 혜은스님이 640년 궁중에서 『무량수경』을 강의한 것을 일본불교사에서 공식적인 아미타신앙의 일본 최초 전래로 본다. 이후 삼론종, 천태종, 진언종 등에서 정토신앙을 가진 스님이 나타나서 정토사상이 대중들에게 퍼져간다.

천태종의 원인스님(794~864)은 일본 정토교 형성에 큰 역할을 하였다. 당에 들어가 천태진언의 가르침을 배우면서 중국 오대산의 염불삼매법을 배워 상행삼매당을 건립하여 행하였다. 상행삼매는 항상 입으로 부처님의 명호나 경전이름을 끊이지 않고 외워 부단(不斷)염불이라고도 한다. 또는 인성(引聲)염불, 음곡(音曲)염불이라 한다. 이 염불은 일본 국내에 널리 퍼져, 귀족 사회에도 널리 행해졌다. 원인스님 이후 원신스님(942~1017)이 천태 정토교 형성에 큰 역할을 하였다. 원신스님의 저서로는 『왕생요집』 3권이 있다.

삼론종의 영관스님(1033~1111)은 동대사의 별원 광명산사에서 하루에 만 편에서 6만 편의 염불을 외우며 극락왕생을 기원하였다.

진언밀교에서는 고야산에 고야성이라 불리는 염불 집단을 만들었다. 각반스님(1095~1143)은 진언과 정토가 둘이 아님을 설하고 대일여래의 밀엄정토에 왕생할 것을 권하였다.

이런 가운데 법연스님(1133~1212)이 출현하여 여러 종에 부속되었던 종래의 정토교를 독립시켜 정토종을 개창하였다. 본래 천태종 소속이었던 스님은 원신스님의 『왕생요집』에 이끌려 정토교를 신봉하게 되었다. 그 뒤 중국 선도스님의 『관무량수경소』에서 설하는 염불사상에 기울어 본원염불을 제창하였다. 저서로는 『선택본원염불집』이 있다. 법연스님의 문하에는 많은 제자가 나왔다.

법연스님의 제자 가운데 친란스님(1173~1262)은 정토진종을 개창하였다. 스님은 '신(信)'을 강조하였다. 그리고 출가해서 불도를 구하는 방식을 버리고, 가정생활을 기반으로 본원염불의 가르침에 귀의하는 수행방법을 택하였다. 이것은 만인에게 열려진 도라 하여 정토진종(淨土眞宗)이라 불렸다. 그러나 법연스님을 개조로 받들고 스님은 새로

운 종파를 열 생각이 없기 때문에 '한 제자도 받지 않는다.'
는 자세를 견지하였다. 저서로는 『교행신증』을 위시하여
많은 저술을 남겼다.

일편스님(1239~1289)은 시종(詩宗)의 개조다. 각지를 돌
아다니면서 염불하는 법을 가르치고, 모든 것이 아미타불
의 명호밖에 없다고 설하였다.

제 2 장

극락정토를 말하다

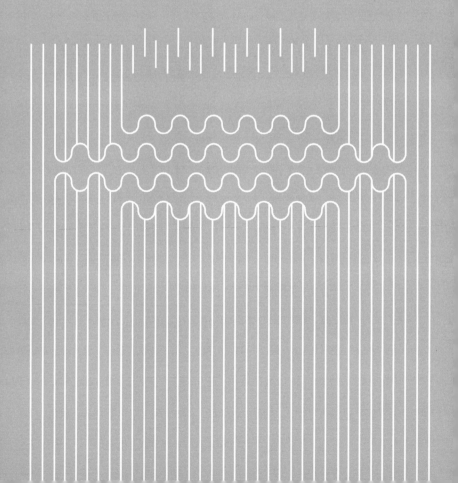

정토,
청정한 부처님의 나라

"여기에서 서쪽으로 10만억의 불국토를 지나서 한 세계
가 있는데, 그 이름을 극락이라 한다. 그곳에 계시는 부
처님을 일러 아미타부처님이라 하며, 지금도 바로 그 극
락세계에서 설법하고 계신다.

　사리불아, 그 나라 이름을 어찌하여 극락이라고 하는
지 알겠느냐?

　그 나라의 중생은 아무런 괴로움이 없고, 다만 모든 즐
거움만을 누리므로, 극락이라 이름한다."

『아미타경』

"법장보살은 이미 성불하여 서방에 계신다. 이 땅에서

10만억 국토를 지난 곳으로 그 부처님 세계를 안락이라 이름한다."

『무량수경』

정토(淨土)는 '맑고 깨끗한 국토', 즉 청정한 부처님의 나라를 말한다. 미혹한 범부가 살고 있는 불안한 예토(穢土)에 상대되는 말이다.

정토 가운데 우리가 자주 언급하는 정토는 서방정토, 서방극락세계이다. 흔히 쓰는 극락은 『아미타경』에서 사용한 말이고, 『무량수경』에서는 안락이라고 한다.

서방정토의 경우 몸과 마음에 일체의 근심과 고통이 없고 다만 한량없는 맑고 깨끗한 기쁨과 즐거움만 있다고 하여 극락(極樂)이라 한다. 또 지옥·아귀·축생의 이름과 어려움과 고통이 없고 다만 자연히 아주 즐거움의 소리만 있다고 안락(安樂)이라고 한다. 또는 안양(安養)이라고 한다. 10만억의 부처님께 공양하며 모든 부처님 나라에 나아가서 불보살을 공양하고 기쁜 마음으로 돌아온다고 안양이라고 한다. 혹은 몸과 마음이 편안하고 잘 자라나고 잘 살기 때문에 안양이라고도 한다.

정토(淨土)라는 말에는 두 가지 뜻이 있다. 이에 따라 정토도 그 성격이 다르게 구분된다.

첫째, "국토를 청정히 한다."는 의미다. 여기서 "淨"은 '깨끗하게 하다, 청정히 하다'라는 동사의 의미를 가진다. 따라서 정토의 의미는 탐욕과 성냄과 어리석음으로 더러워진 세계[토(土)]를 청정하게 한다[정(淨)]는 뜻이다. 여기에 또 두 가지 뜻이 있다. 첫째는 중생이 사는 세계를 맑게 하고 청정하게 한다. 다른 세계에서 청정한 세계를 구하고자 하지 않고 바로 이 예토에서 청정한 불국토를 건설하고자 한다. 이러한 청정한 국토를 만들고자 하는 이가 바로 보살이다. 둘째는 이 예토 세계가 아닌 다른 청정한 정토를 만들어 거기로 중생들을 인도한다. 이 정토 또한 보살의 서원과 수행의 결과로 이루어진다.

둘째, "깨끗한 국토"라는 의미다. 여기서 "淨"을 '깨끗한, 청정한'이라는 형용사로 해석한다. 따라서 정토는 깨끗한 국토, 청정한 세계라는 뜻이다. 이 정토는 보살이 서원과 수행의 결과로 성불하여 만들어놓은 청정한 세계다.

경전에서는 여러 가지 정토를 설하고 있다. 이러한 정토에 대해 두 가지 입장이 있다. 첫째는 서방극락정토 등에 왕생하고자 하는 입장이다. 이 경우의 정토는 미리 만들어진 '깨끗한 국토'의 의미다. 둘째는 이 사바세계를 그대로 정토로 변현하고자 하는 입장이다. 이 경우의 정토는 '국토를 청정하게 한다.'는 의미다.

앞의 경우는 타방정토설(他方淨土說)이라고 한다. 즉 이 세계로부터 멀리 떨어진 곳인 서방 또는 동방 등의 특정 방위에 존재하는 정토다. 고뇌로 가득 찬 이 사바세계를 떠나 사후에는 보다 나은 세계에 태어나기를 원하는, 아미타불의 서방극락세계, 아촉불의 동방묘희세계, 약사불의 동방유리광세계 등을 말한다. 시방(十方)에 정토가 있다고 하는 시방정토설 또한 이 경우에 해당한다.

뒤의 경우는 유심정토설(唯心淨土說)이 대표적이다. 마음가짐에 따라 현세가 정토가 된다. 『유마경』 등에 의하면, 범부는 마음이 물들어 있기 때문에 이 세계를 부정(不淨)하다고 하지만, 부처님의 지견으로 본다면 이 세계는 청정장엄의 정토다. 현실 속에서 보살이 스스로 만들어가는 정토로 이 현실을 떠나서는 정토란 있을 수 없다.

"그러므로, 보적아, 보살이 정토를 얻으려면 마땅히 그의 마음을 청정하게 해야 한다. 그의 마음이 청정함을 따라 곧 부처님의 국토가 청정하다."

『유마경』「불국품(佛國品)」

정토,
윤회로부터 벗어나다

"저 극락세계의 보살은 성불할 때까지 악취(지옥, 아귀,
축생)에 떨어지지 않으며 신통이 자재하여 항상 과거의
일을 안다. 내[석가모니부처님]가 일부러 이 사바세계
에 태어났듯이, 다른 세계의 오탁악세에 태어나서 중생
을 제도하겠다는 이는 제외한다."

『무량수경』

'성불할 때까지 악취에 떨어지지 않는다.'는 말은 윤회하
지 않는다는 뜻이다. 말하자면 극락은 중생의 업으로 인한
윤회는 없다. 그러나 스스로 원하여 오탁악세에 태어나는
경우는 있다. 그곳에 태어나서 보살행을 통해 중생을 교화

하고자 발원하였기 때문이다. 따라서 예토에 태어나는 경우는 두 가지다. 하나는 업으로 인해 생사윤회 하는 업생(業生)이다. 또 하나는 스스로 발원하여 다시 예토에 태어나는 원생(願生)이다.

이처럼 예토와 정토의 차이점 가운데 하나는 윤회가 있는가, 없는가 여부다.

윤회하면 육도윤회가 자연스럽게 떠오른다. 육도(六道)는 지옥도, 아귀도, 축생도, 아수라도, 인도, 천도를 말한다. 『천태사교의(제관스님 저, 고려 초기)를 참고하여 육도의 특징을 알아보면 다음과 같다.

1

지옥은 범어로 나락가라고 한다. 고구(苦具)[고통을 갖추다, 고통이 함께하다, 온전히 고통뿐이다]로 번역한다. '나락으로 떨어졌다.'에서 나락이 바로 나락가다. 그곳이 땅 아래 있기 때문에 지옥이라 한다. 여러 종류의 지옥이 있다. 지옥에서 고통을 받는 자들은 각기 지은 업에 따라 가벼움과 무거움, 지내야 할 기간에 차별이 있다. 가장 무거운 곳에서는 하루 동안 8만4천 번을 나고 죽으면서 무량겁을 지낸다. 가장 심한[상품(上品)] 오역죄(五逆罪) 및 십악(十惡)을 지은 이들이 이 지옥에 떨어진다.

오역죄는 소승과 대승에서 차이가 있다. 소승에서는 어머니를 해치는 행위, 아버지를 해치는 행위, 아라한을 해치는 행위, 부처님 몸에서 피를 내게 하는 행위, 화합승가를 파괴하는 행위다. 대승에서는 ①사찰을 파괴하고 경전과 불상을 불태우고 삼보의 물건을 빼앗는 행위 ②성문, 연각, 대승의 법을 비방하는 행위 ③출가자가 수행하는 것을 방해하고 죽이는 행위 ④소승 오역죄 가운데 하나를 범하는 행위 ⑤모든 업보는 없다고 생각하여 불선업을 행하여 다음 세상을 두려워하지 않고 또는 그런 내용을 다른 사람에게 가르쳐주는 행위다. 또는 소승의 오역죄에서 어머니와 아버지를 해치는 행위를 하나로 하고, 부처님 가르침을 비방하는 행위를 더하여 삼승(성문승, 연각승, 보살승)의 공통된 오역죄라 한다.

십악은 살생(殺生), 투도(偸盜)[도둑질], 사음(邪淫)[그릇된 음행], 망어(妄語)[거짓말], 양설(兩舌)[이간질], 악구(惡口)[험한 말], 기어(綺語)[꾸미는 말, 아부], 탐욕(貪慾), 진에(瞋恚)[성냄], 우치(愚癡)[어리석음] 등이다.

2

축생은 보통 우리가 말하는 짐승이다. 방생(傍生)이라고
도 한다. 방생은 사람처럼 직립하지 않고 몸을 가로 눕히고
다닌다는 뜻이다. 축생은 땅 밑에 있는 지옥과 달리 모든
장소에 두루 퍼져 있다. 털이 난 것, 뿔이 있는 것, 비늘이
나 껍데기가 있는 것, 깃털이 있는 것, 네 발을 가진 것, 발
이 많은 것, 발이 있는 것, 발이 없는 것 등이다. 물과 육지
와 공중을 다니면서 서로 잡아먹어 끝없는 고통을 받는다.
어리석음과 탐욕으로 중간 정도[중품(中品)]의 오역죄와
십악을 지은 이들이 축생이 된다.

3

아귀 역시 모든 장소에 두루 퍼져 있다. 복덕이 있는 아
귀는 산림이나 무덤에서 신(神)이 되고, 복덕이 없는 아귀
는 더러운 곳에 거주하며 음식을 얻을 수 없다. 가령 절집
에서 공양할 때 많이 언급되는 아귀가 있다. 배는 남산만
하고 목구멍은 바늘구멍보다 작은 아귀다. 배가 남산만 하
기 때문에 끊임없이 먹을 것을 구하지만, 목이 바늘구멍보
다 작아 티끌만 한 음식도 목에 닿는 순간 불길로 변해버리
는 고통을 당한다. 이들은 불단에 올린 다기물이나 스님들

이 공양한 뒤 발우를 닦은, 곡기가 남은 물을 먹고 산다. 만약 발우를 닦은 물에 음식 찌꺼기가 조금이라도 남아 있으면 아귀의 목은 불길에 휩싸이게 된다. 그리고 피부가 다 벗겨져 쓰라린 고통이 있는 아귀, 전생에 저울 눈금을 속여 불알이 남산만 한 아귀 등 다양하다. 아귀는 항상 채찍을 맞으면서 강을 메우고 바다를 막는데 무량한 고통을 받는다. 아첨하고 속이는 마음으로 낮은 정도[하품(下品)]의 오역죄와 십악을 지은 이들이 아귀의 몸을 받는다.

4

아수라는 힘이 세고 교만하여 제석천과 늘 싸운다. 아수라는 범어로서 무주(無酒)라고 번역한다. 또는 무단정(無端正), 무천(無天)이라고 한다. 천신의 감로주를 본떠서 큰 바다 속에서 술을 만들려고 하였으나 술이 되지 않자 절대로 술을 마시지 않으리라 맹세하였다고 불음주, 무주 등으로 부른다. 남성 아수라는 용모가 추하기 때문에 무단정이라 하고, 천신(天神)과 같은 복덕이 없기 때문에 무천이라고 한다. 바닷가나 바닷속에 사는데 궁전이 웅장하다. 항상 싸우기를 좋아하고 두려움에 끝이 없다. 가령 천둥소리를 들으면 하늘의 북이 울리는 것이 아닐까 두려워하고, 용왕이 비를 내리면 그 비가 칼로 변하여 자신을 해치지 않을까 두려워한다. 전생에 수행할 때 시기심을 품어 덕을 쌓더라도 남을 이기려 했기 때문이다. 하품의 십선(十善)을 지은 이들이 아수라의 몸을 받는다.

5

인간[인(人)]이 사는 세상은 네 대륙[사주(四洲)]이다. 경전에서 말하는 세상이 이렇다. 즉 가장 큰 산인 수미산을 중심으로 나이테 모양으로 아홉 개의 산[수미산 포함]과 여덟 개의 바다가 있다[구산팔해]. 그 마지막 바다에 우리가 살고 있는 남섬부주(또는 염부제)[수명 1백 세]를 비롯하여 동승신주(불바제)[수명 5백 세], 서우화주(구야니)[수명 1백5십 세], 북구로주(울단월)[수명 1천 세, 중간에 죽는 경우 없다]의 4대주(大洲)가 있다. 그 바다를 마지막으로 철위산이 감싸고 있다. 이곳에 사는 인간은 모두 괴로움과 즐거움이 섞여 있다. 전생에 수행할 때 덕을 쌓고 오계를 행하고 중품의 십선을 행하면 인간의 몸을 받는다. 오계는 불살생[살생하지 않음], 불투도[도둑질하지 않음], 불사음[그릇된 음행 하지 않음], 불망어[거짓말하지 않음], 불음주[술 마시지 않음]다.

6

천(天)은 욕계 6천, 색계 18천, 무색계 4천 등 28천이 서로 다르다. 경전에서 천(天)은 공간적인 하늘을 말하기도 하지만, 하늘에 살고 있는 중생을 말하기도 한다. 욕계 6천은 아래부터 사천왕천, 도리천(33천), 야마천, 도솔천, 낙변화천, 타화자재천이다. 색계 18천은 초선천(初禪天) 3천, 제2선천 3천, 제3선천 3천, 제4선천 9천이다. 무색계 4천은 공무변처천(空無邊處天), 식무변처천(識無邊處天), 무소유처천(無所有處天), 비상비비상처천(非想非非想處天)이다. 사천왕천과 도리천은 상품의 십선만 닦으면 태어나고, 그외 하늘은 상품의 십선과 좌선을 닦으면 태어난다. 닦은 선정의 깊이에 따라 태어나는 하늘이 달라진다.

육도를 육취(六趣)라고도 한다. 지옥, 아귀, 축생을 삼악도, 삼악취라 하고 아수라, 인, 천을 삼선도, 삼선취라 한다. 혹은 아수라를 악도에 포함시키기도 한다. 한편, 아수라를 아귀나 천에 포함시켜 오도 또는 오취라고 한다.

이처럼 지옥부터 비상비비상처천까지 비록 괴로움과 즐거움이 같지 않지만 다시 죽고, 죽은 뒤 다시 태어나는 것을 면할 수 없으므로 생사의 세계라 한다. 아무리 즐거운 하늘이라 하더라도 그 업이 다하면 생사를 거듭한다. 결국 육도에서는 생사의 고통, 생사의 수레바퀴를 벗어날 수 없다.

반면 정토는 이 생사의 고통을 벗어난 세계다. 즉 육도윤회와 다른 별도의 세계다. 정토에 태어나면 그곳에서 부처님의 가르침을 듣고[문(聞)] 생각하며[사(思)] 수행하며[수(修)] 마침내 성불 직전에 이른다. 관세음보살이나 대세지보살처럼 그 극락정토에서 아미타불을 이어 성불하는 경우도 있지만, 대부분 다른 국토에 가서 마침내 성불한다. 한 불국토에는 한 분의 부처님만 계시기 때문이다.

예토,
탐욕과 성냄과 어리석음을 못 버리다

"무량수국의 성문과 보살들의 공덕과 지혜는 다 말할
수 없다. 또 그 국토가 미묘하고 안락하며 청정함이 이
와 같다. 어찌 힘써 선(善)을 닦지 않는가. 도리에 의해
저절로 왕생하는 것을 생각하면 귀천 없이 뚜렷하게 왕
생하여 지혜에 통달하여 한계가 없다. 모름지기 각기 부
지런히 정진하고 노력하면서 이것을 구하면, 반드시 예
토를 끊어버리고 안양국에 왕생한다. 오악취를 끊고서
악취가 저절로 닫히며 다함없는 도에 오른다. 가기 쉬운
데 가는 사람이 없구나. 그 국토는 어기고 거스르지 않
는데 스스로 오랜 업에 의해 왕생하지 못하고 끌어당기
는구나. 어찌하여 세상의 일을 버리고 도의 덕을 구하지

않는가? 매우 긴 수명을 얻고 즐거움이 다함이 없는데."

『무량수경』

오악취는 오취를 말한다. 지옥, 아귀, 축생, 인, 천 등이다. 앞서 지옥, 아귀, 축생을 삼악취라 하였고 인, 천은 선취라 하였다. 그런데 왜 여기는 모두 악취라고 하는가. 그것은 사람[인]과 하늘[천]은 비록 선취이지만, 정토를 상대할 때는 또한 악도이기 때문이다.

정토인 안양국의 공덕과 지혜가 한량없고 가는 길도 쉽다고 하는데, 왜 가는 사람이 적을까. 그것은 중생 스스로 오랜 업, 오랫동안 쌓인 번뇌에 의해 왕생하지 못하게 끌어당기기 때문이다. 즉 어리석음[무명(無明)]을 기반으로 하여 탐욕과 성냄과 어리석음인 탐진치 삼독(三毒)에 의해 여러 업을 짓는다. 그 업에 스스로 묶여 생사윤회 하며 고통을 받고 있다. 그 업과 고통은 다시 어리석음을 키우고, 그 어리석음에 의해 또 업을 짓고 고통을 받으며 다람쥐 쳇바퀴 돌듯이 돌고 돈다.

『무량수경』에는 탐욕과 성냄과 어리석음에 빠진 중생들의 구체적인 모습을 묘사한다. 요약하면 이렇다.

〈탐욕의 허물〉

"세상사람들은 풍속이 경박하여 급하지 않는 일에 서로 다툰다. 이러한 악과 고통이 가득한 곳에서 자신을 위한 생활에 허덕이고 있다. 신분이 귀하거나 천하거나, 가난하거나 부자거나, 남녀노소를 막론하고 모두 재물 때문에 근심한다. 재물을 모을 생각에 마음이 달려가 편안할 때가 없다. 있으면 있는 대로 괴롭다. 수재나 화재, 도둑에 의해 잃어버릴까 걱정이다. 없으면 없는 대로 괴롭다. 없으면 가지려고 걱정한다. 이로 인해 분노도 일어나고, 어떤 경우 주어진 수명을 채우지 못하고 요절한다."

〈성냄의 허물〉

"서로 잘 지내다가, 어느 날 갑자기 다투는 마음이 일어 성내는 일이 생긴다. 비록 큰 원한이 아니라 할지라도 후세에 이르러 점점 심해져서 큰 원망을 이룬다. 왜 그런가? 세간의 일로써 거듭해서 서로 괴롭히고 해를 입히면, 비록 즉시 그것에 급하게 서로 해치는 일은 없지만, 독을 품고 분노를 쌓아 정신에 맺힌다. 저절로 반드시 기록되어 서로 떨어지지 않는다. 결국 미래세에 태어나 다시 서로 보복한다. 인간은 세간의 애욕 속에서 홀로 태어나고 홀로 죽으며 홀로 가고 홀로 온다. 선악의 행위에 따른 과보는 <u>스스로</u> 받을 뿐 대신해줄 사람이 없다."

〈어리석음의 허물〉

"세상사람들은 선을 지으면 선을 얻고 도를 행하면 도를 얻는 것을 믿지 않는다. 사람이 죽으면 다시 태어나고 은혜를 베풀면 복을 얻는 것을 믿지 않는다. 선악의 일을 도무지 믿지 않고, 이것에 대해 그렇지 않다고 말하여 끝내 인정하지 않는다. 단지 이로 말미암아 자신의 견해에 사로잡혀 살아간다. 이러한 견해는 아들로 이어진다. 선악의 도를 알지 못하고 길흉화복을 다투어 각각 자신의 이익만 추구하면서도 어느 누구 하나 이상하게 여기지 않는다."

탐욕과 성냄과 어리석음 가운데 그 바탕은 어리석음이다. 경전에서는 인과의 도리를 모르는 어리석음을 언급하였다. 그리고 이러한 어리석음으로 인해 탐욕과 성냄이 일어나 생사윤회 하는 중생을 안타깝게 여긴다.

"이와 같은 사람은 미혹에 빠져 경전의 가르침을 믿지 않는다. 앞날을 생각하는 마음이 없고, 각각 자신의 뜻대로 즐기려 한다. 어리석음으로 애욕에 미혹하여 도덕(道德)에 통달하지 못하고, 어리석음으로 성냄에 빠져 재색을 이리처럼 탐낸다. 이로 말미암아 도를 얻지 못하고 다시 악취의 고통을 받는다. 생사윤회가 끝나지 않으니, 슬프구나, 참으로 불쌍하구나."

『무량수경』

이처럼 중생이 생사윤회 하는 이유는 마음 저변에 있는 어리석음[무명(無明)] 때문이며, 드러난 마음으로는 탐욕 때문이다. 따라서 어떤 경전에는 무명 때문에 생사윤회 한다고 언급하고, 어떤 경전에는 탐욕 또는 목마르는 듯한 애욕[갈애(渴愛)] 때문에 생사윤회 한다고 언급한다. 다음은 원효스님의 말씀이다.

"모든 부처님이 적멸궁을 장엄하심은 수많은 겁에 욕심을 버리고 고행한 탓이요, 중생과 중생이 화택(火宅) 속에 윤회함은 한량없는 세상에서 탐욕을 버리지 않은 탓이라."

『발심수행장』

예토의 참혹한 모습,
왕사성의 비극

"세존이시여, 저[위제희왕비]는 옛날에 무슨 죄가 있어 이렇게 나쁜 자식을 낳게 되었고, 세존께서는 또 무슨 인연이 있어 제바달다와 함께 권속이 되셨습니까?

오직 원컨대, 세존이시여, 저를 위해 널리 근심과 걱정이 없는 곳을 말씀하여 주십시오. 저는 마땅히 가서 태어나겠습니다. 이 염부제와 같은 혼탁하고 악한 세상을 살고 싶지 않습니다. 이 혼탁하고 악한 세계는 지옥, 아귀, 축생이 가득 차서 착하지 못한 무리가 많습니다. 원컨대 저는 미래에 나쁜 소리를 듣지 않고 악인을 보고 싶지 않습니다. 이제 부처님을 향해서 오체투지하며 자비를 구하고자 참회합니다. 원컨대 부처님의 태양 같은

광명으로써 저로 하여금 청정한 업으로 이루어진 곳을
보여주십시오.”

『관무량수경』

『관무량수경』은 마가다국의 수도 왕사성에서 태자 아사
세가 나쁜 친구인 제바달다의 꼬임에 빠져 아버지 빔비사
라왕을 감옥에 가두는 장면으로 시작된다.

아사세는 아버지를 감옥에 가둔 뒤 신하들에게 한 사람
도 가까이 가지 못하도록 명령하였다. 그러나 위제희왕비
는 깨끗이 목욕하고 꿀에 밀가루와 우유를 반죽하여 몸에
바르고 영락구슬 속에 포도주를 담아 가지고 남몰래 왕을
찾아가 올렸다. 그때 대왕은 반죽을 먹고 포도주를 마시고
물을 구해 입을 씻었다. 입을 씻은 뒤 합장하여 공경하는
마음으로 영축산을 향해 멀리 세존께 예배하고 여쭈었다.

“마하목건련존자는 저의 친구입니다. 원컨대 자비를 베
푸시어 저에게 팔계를 주게 하소서.”

그때 목건련존자는 매처럼 날아서 재빨리 왕이 있는 곳
에 이르렀다. 매일같이 이와 같이 여덟 가지 계를 주었다.
세존께서는 또 부루나존자를 보내어 왕을 위해 설법하게
하였다. 이와 같은 시간이 21일이 지났다. 왕은 꿀반죽을

먹고 설법을 들은 까닭에 안색이 온화하였다.

어느 날 아사세는 이 사실을 알게 되었다. 그리하여 곧 칼을 뽑아 어머니를 살해하려 하였다. 그때 총명하고 지혜가 많은 월광이라는 신하가 있었다. 이 신하와 기바는 함께 왕에게 예를 올리고 말씀드렸다.

"대왕이시여, 신하인 저희들이 베다 성경의 말씀을 들었는데, 오랜 옛날부터 지금까지 왕위를 욕심내어 그 아버지를 살해한 악한 왕은 만 팔천 명이나 되지만, 아직 무도하게 어머니를 살해한 경우는 듣지 못했습니다. 왕이 지금 어머니를 살해하려 한다면 왕족을 더럽히는 일입니다. 신하인 저희들은 참을 수 없습니다. 이것은 천한 백정의 짓입니다. 우리들은 여기 더 머물 수 없습니다."

말을 마치고 두 신하는 손으로 칼을 만지면서 몇 걸음 뒤로 물러섰다. 그때 아사세는 놀라고 두려워 기바에게 말하였다.

"그대는 나를 도와주지 않겠는가?"

기바는 여쭈었다.

"대왕이여, 삼가 어머니를 살해하지 마십시오."

왕은 이 말을 듣고 참회하고 도움을 청했다. 곧 칼을 버리고 어머니를 살해하지 않고, 내관에게 명령하여 깊은 방에 감금시켜 다시 나오지 못하게 하였다.

그때 위제희왕비는 감금되어 슬픔과 걱정으로 몸이 수척하였다. 멀리 기사굴산을 향해 부처님께 예배를 올리고 말씀드렸다.

"아난존자와 목건련존자를 보내시어 저를 위로하여 주십시오."

부처님께서는 왕비의 바람을 들으시고 아난존자와 목건련존자를 허공으로 날아가도록 하였다. 그리고 부처님께서는 영축산에서 홀연히 자취를 감추고 왕궁으로 나투셨다.

그리고 위제희왕비는 위에 인용한 "세존이시여, 저[위제희왕비]는 옛날에 무슨 죄가 있어 이렇게 나쁜 자식을 낳게 되었고, 세존께서는 또 무슨 인연이 있어 제바달다와 함께 권속이 되셨습니까?"라는 질문을 시작으로 부처님 가르침을 구하는 장면이 전개된다.

물론 이 질문에 대한 부처님 말씀은 경전에 언급되지 않는다. 위제희왕비가 사바세계의 고통을 싫어하고 정토를 바라는 인연을 말하기에 부처님께서 시방세계의 불국토를 보여주시고 이후 극락세계에 왕생하기 위한 마음가짐과 바른 수행법을 알려주신다.

석가모니부처님께서는 생로병사를 해결하기 위해 출가

하셨다. 사고(四苦)라고 할 만큼 생로병사는 가장 큰 괴로움이다. 생로병사는 상징적인 의미가 크다. 생로병사는 누구도 피할 수 없는 괴로움이다. 즉 사바세계 모든 중생이 누구나 가지고 있는 괴로움을 상징한다. 있으면 있는 대로 괴롭고, 없으면 없는 대로 괴롭다. 사바세계에 사는 한 괴로움이 없는 중생은 없다. 생로병사란 누구도 생로병사를 피할 수 없듯이 누구나 괴로움이 있다는 의미다.

어떻게 보면 부러울 것 없는 강대국 마가다국의 왕이 아들에게 왕권을 빼앗기고 감옥에 갇혀 굶어 죽을 날만 기다린다. 그 왕의 심정은? 그리고 자신이 낳은 아이가 아비를 죽이려 하고, 어미인 자신 또한 죽이려 하다가 어쩔 수 없이 궁궐에 가둔 현실에 놓인 왕비의 심정은? 그들에게는 최악의 고통이리라. 참을 수 없는, 그러나 참지 않고는 살 수 없는 시간이리라.

중생들이 살고 있는 예토를 사바세계라 한다. 사바는 범어 사하(sahā)의 음역으로 인(忍)·감인(堪忍)·능인(能忍)이라 번역한다. 따라서 사바세계란 인토(忍土)·인계(忍界)·감인토(堪忍土)라 하여 참지 않고는 살 수 없는 곳이다.

『관무량수경』에서 왕사성의 비극은 참혹한 현실을 직시하라는 가르침을 주고자 하는 장치로 볼 수 있다. 현실을 직시할 때 부처님께 다가가는 간절함이 일어나기 때문이다. 참지 않고는 살 수 없는 세상에 한 조각 빛마저 없다면? 따라서 힘든 순간 누군가의 따뜻한 말 한마디는 누군가를 살리는 한 조각 빛이다. 그 누군가가 불보살이라면.

왕사성의 비극 인연,
부처님의 가피로 해피엔딩

세존께서 이러한 (극락세계를 살피는 16관법) 말씀을 할 때, 위제희왕비와 5백 명의 시녀는 때 맞춰 곧 극락의 웅장한 모습을 보았다. 그리고 아미타부처님과 관세음보살, 대세지보살을 보고서 환희심을 내어 일찍이 없었던 일이라 찬탄하였다. 그리고 마음이 밝게 열리고 크게 깨달아서 무생인(無生忍)[진여에 안주함]을 얻었다.

『관무량수경』

『관무량수경』 마지막 부분이다. 아들 아사세에 의해 궁궐의 내실에 갇힌 위제희왕비가 석가모니부처님의 가르침을 듣고 마침내 깨달음을 얻는다. 무생인은 무생법인이라고 한다. 불생불멸의 진리를 알고, 거기에 편안하게 머물러 마음의 동요가 없는 평온한 경지를 말한다.

아사세는 범어로서 미생원(未生怨)이라고 번역한다. 태어나기 전부터 원한을 품고 있었다는 뜻이다. 그렇다면 이 이름에는 어떤 인연이 있을까? 그것이 바로 아사세와 빔비사라왕 그리고 위제희왕비의 과거 인연이다. 『대반열반경』 등에 언급된 이야기는 이렇다.

일찍이 빔비사라왕에게는 뒤를 이을 아들이 없었다. 답답한 마음에 어느 날 왕은 역술인을 불러 과연 자신에게 아들이 없는지 물었다.

역술인은 말하였다.

"저 너머 산중에 수행자가 있습니다. 그 수행자가 천수를 다하면 이 왕궁에 왕자로 다시 태어날 것입니다."

왕은 그 말에 기뻐하며 물었다.

"그렇다면 그 수행자는 언제쯤 목숨이 다하겠는가?"

"아직 3년이 남았습니다."

왕은 엉뚱한 생각을 하였다.

'3년까지 기다릴 것 없지 않은가. 당장이라도 그 수행자가 죽으면 되지 않겠는가?'

왕은 사신을 보내어 수행자로 하여금 당장 죽기를 명하였다. 그러나 수행자는 거부하였다. 다시 사신을 보내어 수행자를 죽였다. 수행자는 죽는 순간 원한을 품었다.

"아무리 왕이라도 살인은 용서할 수 없다. 내가 왕자가 되면 이 원수를 그대로 갚으리라. 신하에게 명하여 왕을 죽이리라."

수행자가 죽자 역술인의 말대로 위제희왕비는 임신을 하였다. 왕은 기뻐하며 또 역술인을 불러 아기의 미래를 보고자 하였다.

역술인은 말하였다.

"대왕이시여, 말씀드리기 황송하오나, 이 아이는 장차 대왕에게 해를 입힐 아이입니다."

이야기에 놀란 왕은 아기를 포기하기로 하였다. 온갖 방법을 사용하여 태 안에 있는 아기를 죽이려고 하였다. 그러나 아무 소용이 없었다. 결국 산달이 다가왔다. 마지막 방법으로 왕비로 하여금 아이를 낳은 뒤 높은 누각에 올라가 땅으로 던져 버리게 하였다. 왕의 말을 거절할 수 없는 왕비는 시킨 대로 하였다. 그런데 땅에 떨어진 아기는 손가락 하나만 다쳤을 뿐 무사하였다. 이 또한 운명이라 여겨 빔비사라왕과 위제희왕비는 아기를 키우기로 하였다.

이 아이가 바로 아사세다. 태어나기 전부터 원한을 품었다 하여 미생원이라 하고, 또 높은 곳에서 떨어졌지만 손가락 하나만 다쳤다 하여 무지(無指) 또는 절지(折指)라고 하였다.

역술인의 예언대로 이야기는 진행된다. 세월이 흘러 석가모니부처님의 제자 제바달다가 아사세태자를 꼬드긴다. 아사세태자는 빔비사라왕을 살해하고 왕위에 오르고, 제바달다는 석가모니부처님을 배반하여 교단의 지도자가 될 것이라 속인다. 아사세태자는 처음에는 부왕을 살해하는 것에 반대하지만 제바달다로부터 출생의 비밀을 듣자 실행에 옮긴다. 곧 왕사성의 비극이 일어난다.

참으로 기구한 운명이다. 그런데 비극이 비극으로만 끝나지 않는다. 당사자의 참회와 부처님의 가피에 의해 새로운 삶이 전개된다. 위에서 말한 것처럼 위제희왕비는 부처님 법을 듣고 무생법인을 얻는다. 빔비사라왕은 마침내 목숨이 다하기는 하지만 그전에 이미 부처님 가피를 받아 성인[아나함]의 경지에 오른다. 위제희왕비가 부처님께 극락왕생의 법을 청할 때다.

이때 세존께서는 곧 미소를 지으셨다. 오색광명이 부처

님 입에서 나왔다. 하나하나 광명이 빔비사라왕의 이마를 비추었다. 이때 대왕은 비록 감옥에 있지만 마음의 눈으로 장애 없이 세존을 멀리서 뵙고 예를 올렸다. 저절로 더욱 나아가 아나함을 이루었다.

『관무량수경』

아사세 역시 참회와 부처님의 가피로 업이 바뀌게 되었다. 아사세는 몸에 종기가 나서 매우 고생을 하였다. 위제희왕비의 사랑과 의사 기바의 조언에 따라 부처님께 가서 과거의 죄를 참회하니 곧 나았다. 그리고 부처님께 귀의하여 교단의 보호자가 되는 등 대사업을 왕성하게 하였다.

업, 업보라는 말은 일반인도 아는 말이다. 업보(業報), 어떤 행위[업]를 하면 '반드시' 그 결과[보]를 받는다는 말이다. 그런데 '반드시'는 아니다. '반드시'라고 법문하는 것은 지금 행위[업]를 잘 하라는 의미에서 하는 말이다. '반드시'라고 그러면 우리에게는 참회도, 나무아미타불도 의미가 없다. 빔비사라왕, 위제희왕비, 아사세태자 또한 부처님의 가피를 받을 수 없었다. 업대로 살아가야만 하기 때문이다. 그러나 불교에서 업은 그렇지 않다. 업이 중요하기는 하지만, 그것이 '반드시' 결과로 나타나지는 않는다. 물론 '반드시'라는 수식어를 제거하기에는 마음의 큰 전환이 필요하다. 참회가 필요하고, 불보살의 가피가 필요하고, 또 새로운 선업이 필요하다. 이쯤에서 에피소드 하나를 언급한다.

옛날 어떤 아라한 도인이 한 사미를 두고 있었다. 도인은 사미가 7일 뒤에는 반드시 목숨이 다할 것을 미리 알았다. 죽기 전에 가족이라도 보라는 생각에 7일 뒤에 돌아오라고 하면서 집으로 보냈다.

사미는 집으로 가는 도중에 물을 따라 떠내려가는 개미들을 보았다. 곧 죽게 되었다. 사미는 자비심으로 가사를 벗어 거기에 흙을 담아 물을 막고, 개미를 집어 마른땅에 올려놓았다. 개미들은 모두 살게 되었다.

7일이 되어 사미는 스승에게로 돌아왔다. 스승은 이상히 여기고 선정에 들어 관찰하였다. 사미는 다른 복은 없는데 그렇게 된 것은 개미를 구제한 인연임을 알았다. 그래서 사미는 7일 만에 죽지 않고 수명이 늘었다.

『잡보장경』

정토, 왜 정토하면
서방정토인가

그때 세존께서는 곧 눈썹 사이에서 광명을 발하셨다. 그
금색의 광명은 널리 시방의 한량없는 세계를 비추었다.
다시 부처님 이마로 돌아와 머물러 수미산과 같은 황금
의 좌대를 나타내었다. 시방 여러 부처님의 깨끗하고 묘
한 국토가 모두 그 가운데 나타났다. 어떤 국토는 칠보
로 이루어져 있고, 어떤 국토는 오직 연꽃으로만 되어
있고, 또 어떤 국토는 자재천궁과 같고, 또 어떤 국토는
파려의 거울과 같았다. 시방의 국토가 모두 그 가운데
나타났다. 바라볼 수 있는 이러한 헤아릴 수 없는 불국
토를 위제희로 하여금 보게 하셨다.

『관무량수경』

앞서 위제희왕비는 부처님께 "원컨대 저는 미래에 나쁜 소리를 듣지 않고 악인을 보고 싶지 않습니다. 이제 부처님을 향해서 오체투지하며 자비를 구하고자 참회합니다. 원컨대 부처님의 태양 같은 광명으로써 저로 하여금 청정한 업으로 이루어진 곳을 보여주십시오."라고 말씀드렸다. 이에 부처님은 자비를 베풀어 헤아릴 수 없는 불국토를 보여주셨다. 그런데 위제희왕비는 헤아릴 수 없는 불국토를 보고서 서방정토를 선택한다.

그때 위제희는 부처님께 말씀드렸다.

"세존이시여, 이러한 모든 불국토는 청정하고 광명이 있지만, 저는 이제 극락세계 아미타부처님 국토에 태어나기를 원합니다. 오직 원컨대, 세존이시여, 저에게 사유하는 법과 바른 선정법을 말씀해주십시오."

『관무량수경』

여타의 경전을 보면, 다른 국토보다 서방극락세계가 훨씬 뛰어나다고 한다. 부처님의 공덕이 차이가 없는 것처럼, 부처님의 불국토 또한 차이가 없으련만, 차이를 언급한다. 부처님의 공덕과 불국토는 차이가 없지만, 부처님이 보살로 있을 때 발원의 차이 때문이라고 하는 이도 있고, 중생의 근기에 따라 차이가 나타날 뿐이라고도 한다.

"부처님의 나라는 원만 원융하여 본래 동서가 없으나 중생들의 근기가 다양하므로 이곳과 저곳을 나타낸다."

『유심안락도』

그렇다면 중생의 근기가 어떠하기에 서방정토가 부각되는 것일까? 오늘날까지 여러 주장이 있지만, 명확한 답변은 없다. 그나마 공통된 생각은 태양이 서쪽으로 지는 것을 실마리로 잡는다. 서쪽에 이상향을 두는 것은 먼 옛날부터 일반적인 사고였다. 인도에서도 예부터 서쪽에 특별한 의미를 두는 사고가 있었다. 『관무량수경』에서도 16관법 가운데 첫째 일상관이 바로 서쪽으로 지는 해를 관찰하는 수행법이다.

중국 도작스님(562~645)은 다음과 같이 이야기한다.

"염부제에서는 이렇게 말한다. '해가 뜨는 곳을 태어남이라 하고, 해가 지는 곳을 죽음이라 한다. 죽음의 땅에서부터 신명(神明)이 (다른 세계로) 들어가는데 그 모습이 이뤄진다. 그러므로 법장보살은 성불하여 서쪽에 머물면서 중생을 자비로 영접하기를 원하였다."

『안락집』(도작스님 저)

서쪽은 죽음의 땅이다. 그 죽음의 땅에 기대어 다음 세계로 들어간다. 따라서 법장보살은 서쪽에 극락정토를 장엄하여 다음 세계로 가는 중생을 맞이한다. 법장보살은 아미타부처님이 성불하기 전 수행자일 때 이름이다.

해가 뜨는 동쪽은 과거이자 현재의 시작이다. 그 현재는 행복한 삶보다는 고단한 삶이 함께하는 시간이다. 해가 지는 서쪽은 미래이다. 고단한 삶이 마무리되고 평온이 찾아오는 시간이다. 오지 않는 미래이기에 현재의 바람을 담는다. 더운 나라의 경우에는 더욱 그렇다. 해가 지면 시원하니 말이다. 동쪽은 현세의 시작이라면 서쪽은 내세의 시작이다. 그 내세는 현세보다는 더 나은 세상이라 생각한다. 해가 지면 하루의 고단함을 내려놓기 때문이다. 그 바람이 내세인 서쪽에 담겨 있다. 그러한 바람에 따라 법장보살은 서방에 극락을 장엄하여 중생들을 맞이한다.

서방극락세계에 왕생하고자 하는 이와 왕생한 중생은 헤아릴 수 없다. 석가모니부처님께서는 열네 분의 부처님 나

라에서 몇백억의 대보살과 헤아릴 수 없는 보살이 서방정
토에 왕생하리라 하면서 다음과 같이 말씀하신다.

부처님께서 미륵보살에게 말씀하셨다.
"단지 이 열네 분의 부처님 국토에 머무는 여러 보살들만
왕생하는 것이 아니라 시방세계의 한량없는 부처님의 국
토에서 왕생하는 이 또한 다시 이와 같이 매우 많아 헤아릴
수 없다. 내가 단지 시방세계의 여러 부처님의 명호와 보살
과 비구로서 그 국토에 왕생하는 이들을 말한다면, 밤낮으
로 1겁 동안 한다 해도 오히려 끝낼 수가 없다. 나는 지금
그대를 위해 간략하게 이것을 말했을 뿐이다."

『무량수경』

서방정토,
멀지만 멀지 않은 그곳

이때 부처님께서 위제희에게 말씀하셨다.

"그대는 지금 아는지 모르는지. 아미타부처님은 여기로부터 멀지 않은 곳에 계신다. 그대는 마땅히 마음을 가다듬고, 청정한 업으로 이루어진 저 극락세계를 자세히 관찰하여라. 내가 지금 그대를 위하여 많은 비유로써 자세히 말해주겠다. 또한 깨끗한 업을 닦고자 하는 미래세 모든 범부들이 서방극락국토에 태어나게 하고자 한다. 저 국토에 태어나고자 하는 이는 마땅히 세 가지 복을 닦아야 한다. 첫째는 부모님께 효도하고, 스승을 받들어 모시고, 자애의 마음으로 살생하지 않고 십선업을 닦는다. 둘째는 삼귀의계를 받아 지니고 갖가지 계를 다

갖추고 어긋난 행동을 하지 않는다. 셋째는 보리심[깨닫고자 하는 마음]을 일으키고 인과를 크게 믿고 대승 경전을 독송하고 다른 이에게도 권한다. 이러한 세 가지가 깨끗한 업이다."

『관무량수경』

『아미타경』, 『무량수경』 등에 의하면 서방극락세계는 "이 땅에서 10만억 국토를 지난 곳"에 있다. 10만억이라는 숫자도 어마어마한데, 그 국토 하나하나에도 엄청난 세계가 있다. 그 모든 세계는 도저히 우리의 숫자 개념으로 헤아릴 수 없다. 따라서 10만억 국토를 지난 곳은 우리가 헤아릴 수 없는 거리다.

그런데 『관무량수경』에 의하면 서방극락세계는 "여기로부터 멀지 않은 곳"에 있다. 그리고 그곳에 가고자 하면 세 가지 업을 닦아야 한다고 한다. 세 가지 업은, 첫째 부모께 효도하고 스승을 공경하며 자애로써 십선업을 닦고, 둘째 삼귀의계와 모든 계를 갖추고 어긋난 행동을 하지 않고, 셋째는 보리심을 내어 인과를 믿고 대승경을 독송하며 다른 이에게 권한다. 이 세 가지 업은 극락세계에 왕생하는 업이

자 삼세 모든 부처님의 깨끗한 업의 바른 원인[정인(正因)]
이다.

"이 땅에서 10만억 국토를 지난 곳"이란 예토와 정토의
거리다. 곧 범부와 부처님의 거리다. 이때 10만억 국토의
거리는 공간적인 거리라기보다는 미혹과 깨달음의 거리가
된다. 세 가지 깨끗한 업을 통해 미혹을 없애고 깨달음에
다가가려는 마음을 낸다면, 서방극락세계는 "여기로부터
멀지 않은 곳"이 된다.

"이곳으로부터 멀지 않은 곳"이라는『관무량수경』의 말
씀을 중국 천태 지의스님(538~597)은 다음과 같이 풀이한
다.

"'여기로부터 멀지 않다.'고 말씀한다. 안락국토는 여기
로부터 10만억 불토를 지난다. 하나하나 국토에는 갠지스
강 모래 수만큼의 세계가 있다. 그런데 왜 '멀지 않다.'고
말씀하시는가? 풀이해보자. 부처님의 힘으로 보고자 하면
본다. 또 광명 가운데 부처님 이마에 국토를 나타낸다. 한
생각으로 능히 볼 수 있기 때문에 '멀지 않다.'고 한다."

『관무량수경소』(천태 지의스님 저)

한 생각을 모아 서방극락세계를 살피면 부처님의 광명 가운데 그 국토가 나타나 볼 수 있기 때문에 극락세계는 멀지 않다. 범부의 입장에서 볼 때 '10만억 국토'의 거리지만, 부처님의 힘으로 볼 때 '멀지 않다.' 한 생각으로 능히 볼 수 있다.

중국 혜능스님(638~713)은 극락세계가 멀고 가까움에 대해 다음과 같이 풀이한다.

"근기가 낮은 이를 위해 '멀다'고 말씀하시고, 지혜가 높은 이를 위해 '가깝다'고 말씀하신다. … 서방이 여기로부터 멀지 않다. 만약 선하지 않은 마음을 품으면 염불하여도 왕생하기 힘들다. 지금 선지식에게 권한다. 먼저 십악(十惡)을 제거하면 10만을 가고, 뒤에 여덟 가지 사악함을 제거하면 8천을 지난다. 생각생각 성품을 보아 항상 평등하고 곧게 행하면 손가락 튕기는 시간에 문득 그곳에 도달하여 곧 아미타부처님을 친견하게 된다. … 만약 무생(無生)의 돈법(頓法)을 깨달으면 다만 찰나에 서방을 보고, 깨닫지 못하고 염불하여 왕생하고자 하면 길은 머니 어떻게 도달할 것인가."

『육조대사법보단경』(종보스님 편, 혜능스님 법문집)

십악(十惡)은 살생, 투도[도둑질], 사음[그릇된 음행], 망어[거짓말], 기어[꾸밈말], 양설[이간질하는 말], 악구[험한 말], 탐애, 진에[성냄], 치암[어리석음]이다. 여덟 가지 사악함[팔사(八邪)]이란 팔정도(八正道)의 반대되는 행위다. 팔정도는 정견(正見)[바른 견해], 정사(正思)[바른 생각], 정어(正語)[바른 말], 정업(正業)[바른 행동], 정명(正命)[바른 직업], 정정진(正精進)[바른 정진], 정념(正念)[바른 마음챙김], 정정(正定)[바른 집중, 바른 선정]이다. 여기서 '바른' 대신 '삿된'을 넣으면 여덟 가지 사악함이다. 이러한 십악과 팔사를 없애버리면 10만억 국토를 지나간다.

10만억 국토라는 거리는 공간적인 거리라기보다는 수행자의 마음가짐에 따른 거리다. 십선 등을 닦아 마음이 청정하면 손가락 튕기는 시간에 다가갈 수 있는 짧은 거리다. 그렇지 못한 범부에게는 너무도 먼 거리다. 따라서 정토는 멀지만 멀지 않은 곳이다.

문득 한 이야기가 떠오른다. 사랑하는 연인이 헤어지는 장면이다. 무엇인가 오해가 생겨 돌아서는 연인에게 말한다. "당신이 지금 가버리면 지구 한 바퀴를 돌아야 다시 만날 수 있지만, 지금 돌아서면 바로 만날 수 있다."

서방정토,
범부를 위한 정토

"만약에 제가 부처님이 되면
국토 장엄은 으뜸가게 하리.
중생들은 모두 훌륭하게 되고
도량은 가장 뛰어나게 되리라.

그 나라는 번뇌 없이 평온하여
세상에 견줄 만한 것이 없으니
온갖 중생들 가엾이 여겨
제가 마땅히 제도하리라.

시방에서 왕생한 중생들

마음이 기쁘고 청청하리니
이미 제 나라에 와서는
즐겁고 평안하리라."

『무량수경』

　먼 옛날 법장보살이 세자재왕부처님께 찬탄하며 발원한 게송이다. 법장보살이 마침내 성불하여 아미타부처님이 된다. 아미타부처님이 계신 정토가 서방극락세계다. 따라서 서방극락세계는 법장보살의 48대원과 수행의 결과로 나타난 정토다. 그런데 아미타부처님 당신을 위해서가 아니라 중생을 위해 정토를 장엄하셨다. 다시 말하면 범부를 위한 정토다.

　문。
　"정토는 미묘하고 뛰어나서 법왕(法王)[부처님]이 머무는 곳이며 연화대장[극락세계에 왕생할 때 생을 받는 곳]은 범부가 갈 곳이 아니다. 이치로 보아도 모름지기 범부는 범부의 땅으로 가고, 성인은 성인의 도량을 밟는다. 어찌 낮고 하찮은 범부가 이런 미묘한 곳에 왕생할 수 있는가?

답。

만일 범부가 정토에서 노닐 수 없다면 어찌 법왕이 오탁악세를 밟을 수 있겠는가? 비록 법왕이라도 중생을 교화하기 위해서 오탁악세에 노닐고, 또한 비록 범부라도 부처님을 공양하기 위해서 정토에 왕생한다. 또 48대원은 처음에 우선 일체 범부를 위한 것이고 나중에 겸하여 삼승의 성인을 위한 것이다. 그러므로 알라. 정토의 으뜸되는 취지는 본래 범부를 위한 것이고 겸하여 성인을 위한 것이다. 또 십해 이상 되는 보살은 악도에 나는 것을 두려워하지 않기 때문에 정토에 왕생하기를 꼭 원하지는 않는다. 그러므로 정토의 깊은 뜻은 본래 범부를 위한 것이지 보살을 위한 것이 아니다."

『유심안락도』

서방극락세계는 범부를 위한 정토다. 부처님은 정토뿐만 아니라 예토에도 함께하신다. 가령 2,500여 년 전 석가모니부처님이 이 사바세계에 오셔서 중생을 제도하셨듯이, 부처님은 정토도 드러내고 예토도 드러낸다. 정토는 극락에 왕생하는 자의 자력으로 이루어진 것이 아니고 부처님의 원력과 수행으로 이루어진 것이다. 그러나 정토는 부처님만 계시는 곳이 아니다. 특히 서방정토는 법장보살의 원력대로 범부를 위한 정토다.

진여의 세계, 부처님의 세계는 실로 모양을 떠나고 언어를 떠났고 분별을 떠났다고 한다. 정토경전에서는 정토를 나타내고 정토왕생을 권한다. 그런데 이러한 정토의 존재를 어떻게 볼 것인가. 예부터 여러 견해가 있었다. 전문용어인 실토(實土), 보토(報土), 자수용토, 타수용토 등이 등장한다. 그 어려운 용어를 접하는 범부의 입장에서 보자면 버겁다. 중국 선도스님(613~682)의 『관무량수불경소』 말씀을 통해 생각해보자.

"지금 관하는 이 문들은 오로지 방향을 가리키며 모양을 세워서 마음을 머물게 하고 경계를 취하게 하였고, 모습이 없고 생각을 떠난 것은 전부 밝히지 않았다. 여래께서는 말법시대의 죄악범부를 잘 아시고 모양을 세워 마음을 머물게 하시는데도 오히려 얻지 못하는데, 어찌 몸으로 모양을 떠나고서 마음으로 일을 구하는 자이겠는가. 마치 신통이 없는 사람이 하늘에 머물며 집을 세우는 것과 같다."

『관무량수불경소』(선도스님 저)

이 말씀에 의하면, 서방정토는 말세중생을 위해 "오로지 방향을 가리키며 모양을 세워서 마음을 머물게 하고 경계를 취하게 하였다."고 한다. 즉 중생을 위한 방편으로 서방정토를 세웠다는 말이다. 어떤 사람에게는 마음이 정토라는 가르침이 와닿을 수도 있지만 죽음이라는 현실을 맞이하게 되는 중생에게는 무엇보다 명확한 모습을 보여주는 것이 필요하다. 그 극락왕생을 생각하며 간절히 기도하며 이루는 결과가 서방정토인지 아니면 마음의 정토인지는 차후의 문제다. 중생은 형식을 통해 내용으로 다가가는 경향이 강하기 때문이다.

『금강경』 등에서는 "만약 모습[색]으로 나를 보려고 하거나 음성으로 나를 구하려고 하는 사람은 그릇된 도를 행하는 것이니, 능히 여래를 볼 수 없다."고 하였다. 여기서 언급되는 사람은 아상(我相) 등 고정관념으로 여래의 형상이나 음성을 통해 여래를 구하고자 하는 사람들이지, 극락왕생과 위없는 깨달음을 구하고자 하는 사람들이 아니다. 극락왕생과 위없는 깨달음을 구하고자 하는 이들은 마땅히 부처님 명호를 외우고 극락정토를 살펴야 한다. 그러한 이들을 위해 서방극락세계의 위치나 장엄된 모습을 명확하게 보여줄 필요가 있다. 이는 삼세 부처님의 한결같은 마음이다. 다음 원효스님의 『무량수경종요』 말씀을 새기면 조금이나마 짐작할 수 있으리라.

"깨달음의 경지로 말하면 여기도 없고 저기도 없다. 예토와 정토가 본래 한 마음[일심]으로 생사와 열반은 끝내 둘이 아니다. 그러나 근원으로 돌아가 크게 깨닫는 것은 공덕을 쌓아야 얻을 수 있다. 물결 따라 긴 꿈에 빠져 있으면 단박에 깨달을 수 없다. 그러므로 성인께서 자취[방편]을 드러내시는데 혹은 멀고 혹은 가깝다. 베푸시는 가르침에는 혹은 칭찬이 있고 혹은 꾸짖음이 있다.

석가모니세존께서 여기 사바세계에 나투시어 오악(五惡)을 경계하시고 선을 권장하셨다. 아미타여래께서는 저기 안양국을 다스리며 삼배 중생을 인도하여 이끄신다. 이 석가모니부처님과 아미타부처님에 이르기까지 이러한 방편의 자취는 모두 말할 수가 없다."

『무량수경종요』(원효스님 저)

극락의 모습,
괴로움 없이 즐거움만 가득한 곳

『대아미타경』에 말씀하셨다.

"아미타부처님이 계신 국토의 이름은 극락이라 하며, 바로 서쪽에 있다. 그 나라는 땅이 황금, 백은, 유리, 수정, 산호, 호박, 자거의 칠보로 되어 있다. 넓고 밝아 매우 좋다. 만 가지 보배가 저절로 모여 항상 조화롭고 적당하니 매우 즐거워 비교할 바가 없다. 춘하추동과 대한·소한과 대열·소열이 없다. 또 지옥과 높은 산과 크고 작은 바다와 강이 없다. 또한 천한 사람, 여인, 악인, 금수가 없다. 다만 여러 부처님과 보살과 착한 사람들만 모여 있다. 모두 항상 공경하고 아끼기를 형제와 같이 한다. 전생과 현생의 모든 일을 스스로 알며, 옷과 밥이 저절로 생긴다. 또 아미타부처님 나라에 왕생한 모든 사람들은 칠보 연못에 핀 연꽃에서 화생하며, 젖으로 기르지 않는다. 여러 천인(天人)이 온갖 기악과 보배와 옷과 음식을 가지고 내려와서 아미타부처님을 위하여 공양하고 예불하며 또 여러 사람을 공양한다. 나날이 계속되며 끝이 없다. 또 여러 가지 고통이 없고 모든 즐거움을 받으며 영원히 생사윤회를 끊으니 마음이 열리고 생각이 밝아진다. 그 칠보궁전을 타고 자재하게 날아다니며, 천지간의 멀고 가까운 일을 훤히 알 수 있다. 쾌락을 견줄 바가 없다. 어찌 왕생하고자 아니하리오."

부처님께서 말씀하셨다.

"아미타부처님의 공덕과 국토의 좋은 것을 이루 다 말할 수 없도다."

『염불보권문』(명연스님 저)

『염불보권문』은 조선 숙종 30년(1704)에 명연스님이 경전에서 염불과 관련된 내용을 요약해서 모은 책이다. 『대아미타경』(『무량수경』을 말함)에 의거하여 극락의 모습을 간략하게 잘 정리하였기에 인용하였다. 책에는 한문과 함께 언해본이 실려 있는데, 글 제목이 '모든 세계가 극락만 같지 못하다고 하시다'이다.

정토는 불국토와 같은 의미로 어느 불국토이든 두루 쓰는 용어다. 반면 '극락'은 서방정토를 일컫는 말이다. 또는 '안락', '안양'이라고 한다. 가령 아촉불의 묘희세계, 약사불의 유리광정토 등처럼 말이다. 그런데 서방극락세계가 너무 알려진 탓인지 아니면 다른 세계보다 서방극락세계가 가장 뛰어나기 때문인지, 극락을 정토와 같은 의미로도 사용한다.

정토든 예토든 그곳에는 살아가는 이들이 있고, 살아가는 이들이 의지하는 국토가 있다. 살아가는 이를 정보(正報)라고 하고, 살아가는 이들이 의지하는 국토를 의보(依報)라고 한다. 그리고 정보를 중생세간이라 하고 국토를 기세간(器世間)이라 한다. 업이나 원에 의해 몸을 받은[보] 바로[정] 그 당사자를 정보라고 한다. 그 당사자의 업이나 원에 의해 받은[보] 의지하는[의] 국토를 의보라 한다. 가령 예토의 경우, 이 땅에 태어난 나 자신은 정보이다. 지난 생의 업에 의해 바로 이 몸을 받았다[정보]. 그런데 하필이면 왜 이 땅에 태어났을까. 그것도 지난 생의 업에 의해 이 땅에 태어났다[의보]. 그런데 정토의 경우, 왕생하는 중생의 업도 중요하지만, 무엇보다 부처님 본원력(本願力)의 도움에 의해 정보와 의보를 받게 되는 것이지 스스로 지은 업인(業因)의 힘에 의해 완성되고 갖추어지는 것은 아니다.

앞서 "그 나라의 땅이 황금, … 바다와 강이 없다."는 의보인 극락국토의 장엄을 찬탄하였고, "여러 부처님과 보살과 착한 사람들만 모여 있다. … 쾌락을 견줄 바가 없다."는 정보인 극락에 태어난 이들을 찬탄하였다.

『아미타경』, 『관무량수경』 등에서도 극락의 모습을 설명한다. 우선 간단하게 극락의 모습을 설명한 『아미타경』의 내용을 살펴보자. 우선 의보인 극락국토의 공덕장엄에 대한 설명이다.

"그 나라의 중생은 아무런 괴로움이 없고, 다만 모든 즐거움만을 누리므로, 극락이라 이름한다.

또 사리불이여, 극락국토에는 일곱 겹으로 된 난간과 일곱 겹의 그물과 일곱 겹의 가로수가 있다. 모두 네 가지 보석으로 둘러싸여 있다. 그러므로 그 나라를 극락이라 한다.

또 사리불이여, 극락국토에는 또 칠보로 된 연못이 있다. 그 연못에는 여덟 가지 공덕이 있는 물로 가득 찼으며, 연못바닥에는 오로지 금모래가 땅에 깔려 있다. 사방 연못가의 계단은 금, 은, 유리, 파려의 보석으로 이루어져 있다.

그 위에는 누각이 있다. 역시 금, 은, 유리, 파려, 자거, 진주, 마노 등으로 누각을 장엄하였다. 연못 속에는 수레바퀴만 한 큰 연꽃이 피어 있다. 푸른 꽃에서는 푸른빛이 나고, 노란 꽃에서는 노란 빛이 나고, 붉은 꽃에서는 붉은빛이 나고, 흰 꽃에서는 흰빛이 난다. 참으로 아름답고 향기롭고 정결하다. 사리불이여, 극락세계는 이와 같은 공덕장엄으로 이루어져 있다.

또 사리불이여, 저 불국토에는 항상 천상의 음악이 울려 퍼진다. 황금으로 된 땅에는 밤낮으로 하늘에서 만다라 꽃비가 내린다. 그 불국토의 중생들은 항상 이른 아침마다 각각 여러 가지 아름다운 꽃을 바구니에 담아 가지고 다른 세계의 10만억 부처님께 공양하고, 식사 전에 돌아와 식사를 마치고 산책한다. 사리불이여, 극락세계는 이와 같은 공덕장엄으로 이루어져 있다.

또 사리불이여, 그 불국토에는 아름답고 기묘한 여러 빛깔을 가진 새가 있다. 백학, 공작, 앵무새, 사리새, 가릉빈가, 공명조 등이다. 이 모든 새들은 밤낮을 가리지 않고 항상 어울리는 맑은 소리로 노래한다. 그 소리에는 오근과 오력과 칠보리분과 팔정도분, 이러한 법이 노래로 흘러나온다. 그 나라의 중생들이 그 소리를 들으면 부처님을 생각하고, 법문을 생각하며, 승가를 생각하게 된다. 사리불이여, 그대는 이 새들이 실제로서 죄업으로 생긴 것이라고 생각하지 말라. 왜냐하면 그 불국토에는 지옥, 아귀, 축생 등 삼악도가 없기 때문이다. 거기에는 삼악도라는 이름도 없는데, 어떻게 실제 그런 것이 있겠는가! 이와 같은 새들은 모두 아미타부처님께서 법문을 널리 펼치고자 변화로 만든 것이다.

그 불국토에는 미풍이 불어와 여러 보석으로 장식된 가로수와 보배그물을 흔들면 아름다운 소리가 난다. 마치 백천 가지 악기가 합주하는 듯하다. 이 소리를 듣는 사람은 부처님을 생각하고 법을 생각하고 승가를 생각하는 마음이 저절로 일어난다. 사리불이여, 극락세계는 이와 같은 공덕장엄으로 이루어져 있다."

『아미타경』

참고로 '여덟 가지 공덕이 있는 물[팔공덕수(八功德水)]'은 『무량수경』에는 설명하지 않고, 『칭찬불정토섭수경』에서 설명한다. ①맑고 깨끗함 ②청량하고 시원함 ③맛이 닮 ④가볍고 부드러움 ⑤윤택함 ⑥편안함 ⑦마시면 목마름과 배고픔 등의 근심을 모두 없애줌 ⑧몸의 여러 기관을 잘 보호함 등이다.

다음 이어서 극락세계에 계신 아미타부처님과 극락 중생에 대한 공덕장엄을 설명한다.

"사리불이여, 그대는 어떻게 생각하는가? 그 부처님을 왜 아미타라고 하겠는가? 그 부처님의 광명이 한량없어 시방세계를 두루 비추어도 조금도 걸림이 없기 때문에 아미타라 한다. 또 사리불이여, 또 그 부처님의 수명과 그 나라 인민의 수명이 한량없고 끝이 없는 아승지겁이므로 아미타라 이름한다. 사라불이여, 아미타부처님께서 성불하신 지는 이미 10겁이 지났다.

또 사리불이여, 저 부처님에게는 헤아릴 수 없이 많은 성문 제자들이 있다. 모두 아라한이다. 그 수는 도저히 어떠한 산수로도 헤아릴 수 없다. 보살 대중의 수 또한 그렇다. 사리불이여, 그 불국토는 이와 같은 공덕장엄으로 이루어져 있다.

또 사리불이여, 극락세계에 태어나는 중생들은 다 보리심에서 물러나지 않는 이[아비발치, 불퇴전 경지]들이다. 그 가운데는 대부분 다음 생에 부처님이 되는 경지[일생보처]에 오른 이들이다. 그 수가 매우 많아 산수로도 헤아릴 수 없고, 오직 무량무변 아승지로 표현할 뿐이다."

『아미타경』

　이어서 극락세계에 왕생하기를 권유한다.

　"사리불이여, 이 말을 들은 중생들은 마땅히 서원을 세워 그 극락세계에 태어나기를 원해야 한다. 왜 그러한가. 극락세계에 가면 그와 같이 으뜸가는 사람들과 함께 모여 살 수 있기 때문이다. 사리불이여, 조그마한 선근이나 복덕의 인연으로는 그 극락세계에 태어날 수 없다. 만약 선남자 선여인이 아미타부처님에 대한 이야기를 듣고 부처님 명호를 지녀 혹은 하루, 혹은 이틀, 혹은 사흘, 혹은 나흘, 혹은 닷새, 혹은 엿새, 혹은 이레 동안 한결같은 마음으로 흐트러지지 않으면, 그 사람이 목숨이 다할 때 아미타부처님께서 여러 성인들과 함께 그 사람 앞에 나타난다. 그 사람이 목숨을 마칠 때 마음이 뒤바뀌지 않고 곧 아미타부처님의 극락세계에 왕생하게 된다."

『아미타경』

　이처럼 정토경전에서는 극락세계에 대해 자세히 설명한

다. 극락세계에 대한 공덕장엄을 설함으로써 우리 중생으로 하여금 극락왕생을 발원하고 아미타부처님을 생각하고 그 명호를 지니게 하고자 하는 석가모니부처님의 자비로운 말씀이다.

『관무량수경』에서는 극락에 왕생하는 수행법에서 극락의 모습이 언급된다. 『무량수경』에서도 법장비구의 48대원 가운데 극락의 모습을 엿볼 수 있다. 이러한 내용은 이후 각각 극락왕생 수행, 법장비구와 발원 부분에서 살펴보기로 한다. 따라서 앞서 『염불보권문』에서 요약되었던 『무량수경』의 내용을 다음 장으로 옮겨 좀 더 자세히 살펴보고자 한다.

극락정토의
장엄된 모습

"아미타부처님이 성불한 이래 10겁이 지났다. 그 부처님의 국토는 칠보인 금, 은, 유리, 산호, 호박, 자거, 마노 등으로 저절로 땅이 이루어졌다. 넓이는 광대하여 끝이 없다. 그 칠보는 서로 섞이어서 눈부시게 빛나 아름답고 화려하다. 청정하게 장엄된 것이 시방의 모든 세계보다도 빼어나다. 모든 보배 중에서 가장 아름다운 그 보배는 제6천의 보배와 같다. 또 그 국토에는 수미산과 금강철위산 등 일체 모든 산이 없다. 또한 큰 바다, 작은 바다, 시내, 골짜기, 우물 등이 없다. 그러나 부처님의 신통력으로 보고자 하면 즉시 나타난다. 또한 지옥, 아귀, 축생 등의 괴로운 무리도 없다. 봄, 여름, 가을, 겨울 등

사계절도 없어 춥지도 않고 덥지도 않아 온화하고 상쾌
하다."

『무량수경』

『무량수경』에서 극락장엄에 대해 석가모니부처님께서 말
씀하시는 첫 부분이다. 그럼 이후 부처님께서 말씀하신 극
락장엄을 정리해보자.

"극락에는 칠보로 된 여러 가지 나무가 세계에 두루 가득
하다. 금, 은, 유리, 파려, 산호, 마노, 자거나무 등이다. 혹
은 두 가지 보배, 세 가지 보배, 내지 일곱 가지 보배로 합
하여 이루어졌다. 혹은 금나무에 은으로 된 잎, 꽃, 열매가
있고, 혹은 은나무에 금으로 된 잎, 꽃, 열매가 있다. … 어
느 보배나무는 자거를 뿌리로 하고, 자금을 줄기로 하고,
백은을 가지로 하고, 유리를 작은 가지로 하고, 수정을 잎
으로 하고, 산호를 꽃으로 하고, 마노를 열매로 했다. 이러
한 여러 가지 보배나무들은 서로서로 줄지어 있고, 줄기
와 줄기는 서로 바라보고, 가지와 가지가 고르고, 잎과 잎
은 서로 마주 보고, 꽃과 꽃은 서로 다르고, 열매와 열매는
서로 균형이 잡혀 있어 그 찬란한 빛은 눈이 부시어 바라볼

수 없으며, 맑은 바람이 불면 다섯 가지 음악의 소리가 나오는데 미묘하고 저절로 서로 조화를 이룬다.

또 무량수불이 계신 도량의 나무는 높이가 4백만 리이고, 그 밑동 주위는 50유순이 되며 가지와 잎은 사방으로 20만 리나 퍼졌다. 일체의 모든 보배로 이루어져 있다. … 작은 가지 사이에는 보배 영락이 드리워져 있다. 그 빛깔은 백천만 가지로 변하며, 한량없는 광명이 끝없이 빛난다. 그 위에는 아름다운 보배의 그물이 덮여 있다. 일체 장엄이 원하는 곳에 따라 나타난다.

미풍이 서서히 불면 모든 가지와 잎을 움직여 한량없는 묘법의 소리가 울려 퍼진다. 이 소리가 모든 부처님 국토에 두루 퍼진다. 그 소리를 들은 사람은 깊은 법인을 얻고 불퇴전에 머물러 불도를 이룰 때까지 괴로움과 근심을 만나지 않는다. 눈으로 그 색깔을 보고, 귀로 그 소리를 들으며, 코로 그 향기를 맡고, 혀로 그 맛을 보며, 몸으로 그 빛을 느끼고, 마음으로 법을 생각하여 일체 모든 깊고 깊은 법인을 얻는다. 불퇴전에 머물러 불도를 이룰 때까지 육근이 청정하고 투철해서 모든 번뇌와 근심이 없다.

만약 그 국토의 사람과 하늘이 이 나무를 보았다면, 삼법인(三法印)을 얻는다. 첫째는 (가르침을 듣고 깨달아 항상 마음이 편안한) 음향인, 둘째는 (진리에 순응하여 법대로 행하는) 유순인, 셋째는 (모든 법의 실상을 깨닫는) 무생법인이다."

"(보배나무에는 어느 하늘보다 뛰어난 음악이 흘러나온다.) 저절로 만 가지 기악이 있고 그 악기 소리는 진리의 법음이 아닌 것이 없다. 맑고 애절하며 미묘하고 온화하여 시방의 음성 가운데 가장 뛰어나다.

또 강당, 정사, 궁전, 망루는 모두 칠보로 장엄되었다. 그것들은 저절로 만들어졌다. 진주와 명월마니 등 여러 가지 보배로 엮은 그물로 그 위를 덮었다. 안과 밖, 오른쪽과 왼쪽에 여러 가지 목욕하는 못이 있다. 크기는 10유순, 20유순, 30유순 내지 백천 유순이 된다. 가로, 세로, 깊이가 다 같고 여덟 가지 공덕수가 가득 차 있다. 물은 감로수처럼 청정하고 향기로우며 맛이 난다. 황금의 못에는 백은의 모래가 깔리고, 백은의 못에는 황금의 모래가 깔리고, … 자마금의 못에는 백옥의 모래가 깔려 있다. 혹은 두 가지 보배 혹 세 가지 보배, 나아가 칠보가 서로 함께 어울려 있다. 그 연못 언덕에는 전단향 나무가 있다. … 물 위에는 청련화, 홍련화, 황련화, 백련화가 여러 색을 빛내며 덮고 있다.

만약 그 여러 보살과 성문들이 보배의 못에 들어가 마음 속으로 물이 발까지 잠기기를 바라면 물이 곧 발까지 잠기고, … 온몸을 적시기를 원하면 온몸이 젖고, 물을 다시 돌려보내고자 하면 다시 돌아간다. 차고 따뜻함은 저절로 뜻하는 대로 조화를 이루고, 목욕을 하면 정신이 밝아지며 몸이 상쾌하여 마음의 때가 씻어진다. … 물결은 한량없는 자연의 묘한 소리를 내는데 그 바라는 바에 따라서 듣지 못하는 것이 없다. … 혹은 부처님의 음성을 듣고, 혹은 법의 소리를 듣고, 혹은 승가의 소리를 듣고, 혹은 육바라밀의 소리, … 등 여러 가지 진리의 소리를 듣는다. 이와 같은 소리를 듣고 한량없이 환희하며, 청정하고 탐욕을 떠나고 적멸한 진실의 뜻을 따르고, 삼보력, 무소외, 불공(不共)의 법을 따르고, 신통하고 지혜로운 보살과 성문들이 행한 도를 따르게 된다. 거기에는 삼악도의 고통과 어려움이 없고, 다만 즐거움의 소리만이 저절로 있기 때문에 그 나라를 극락(안락)이라 이름한다.

그 불국토에 왕생한 모든 이들은 이와 같은 청정한 몸과 여러 가지 묘한 음성, 신통, 공덕을 갖춘다. 거처하는 궁전, 의복, 음식, 여러 가지 묘한 꽃, 향, 장식품은 제6천에서 저절로 갖게 되는 물건과 같다. 만약 밥을 먹으려고 할 때는 칠보의 그릇이 스스로 앞에 있고 금, 은, 유리, 자거, 마노, 산호, 명월주, 진주 등 이와 같은 모든 그릇들 안에 원하는 대로 백미의 음식이 저절로 가득 찬다. 이런 음식이 있지만 실제로 먹는 것은 아니고, 다만 색깔을 보고 향기를 맡으며 먹었다고 생각하면 저절로 배가 부르게 된다. 몸과 마음이 유연하여 맛에 집착하지 않으며, 식사를 마치면 없어지고 때가 되면 다시 나타난다."

"무량수국에 있는 모든 하늘과 사람의 의복과 음식, 꽃, 향, 영락, 비단, 일산, 깃발, 미묘한 음성과 거처하는 저택, 궁전, 누각은 형색에 맞추어 높고 낮고 크고 작은 것이 있고, 한 가지 보배, 두 가지 보배, 내지 한량없는 보배로 이루어져 바라는 대로 생각에 따라서 곧 나타난다.

또한 여러 가지 보배의 비단이 널리 그 땅에 깔려 있다. 모든 사람과 하늘이 이를 밟고 거닌다. 한량없는 보배그물이 부처님 국토를 덮었다. 그 그물은 모두 금실과 진주와 백천 가지 아름답고 진귀한 보배로 장엄하여 꾸몄다. 그리고 사방에 두루 드리워져 있는 보배방울로 찬란히 빛나고 매우 화려하게 장엄하였다. 저절로 덕스러운 바람이 서서히 불면 그 바람은 매우 조화롭고 춥지도 않고 덥지도 않고 온화하고 부드러우며 세지도 않고 약하지도 않다. 모든 그물과 모든 보배나무에 불어오면 한량없이 미묘한 법음을 내고 만 가지 온화한 덕의 향기를 풍긴다. 이를 듣고 맡은 이는 번뇌가 저절로 일어나지 않는다. 바람이 몸에 닿으면 모두 즐거움을 얻는다. 비유하면 비구가 멸진삼매를 얻는 것과 같다.

또 바람은 꽃을 휘날려서 부처님 국토에 가득 채운다. 빛깔은 섞여 어지럽지 않고 유연하게 빛나고 그윽한 향기를 풍긴다. 발로 그 위를 밟으면 네 치나 들어가고, 발을 들면 다시 전과 같이 올라온다. 꽃잎은 쓸모가 다하면 땅이 곧 갈라져 땅속으로 사라져 깨끗하여 흔적이 없다. 때에 따라서 바람이 불면 꽃은 흩어지는데, 하루 여섯 번 되풀이된다.

또 여러 가지 보배연꽃이 세계에 가득하다. 하나하나의 보배꽃에는 백천억의 잎이 있다. 그 꽃의 광명은 한량없는 여러 색을 띠고 있다. 푸른 꽃에는 푸른 광명이 나고, 흰 꽃에는 흰 광명이 나고 노란 꽃, 붉은 꽃, 자주 꽃 등 각기 광명을 낸다. 매우 밝고 선명하게 빛나며, 해와 달처럼 환하게 빛난다. 하나하나의 꽃 가운데서 36백천억의 빛을 낸다. 하나하나의 빛 가운데 36백천억 부처님이 나투신다. 몸은

자마금색이고 상호는 뛰어나다. 한 분 한 분 모든 부처님은
또한 백천 가지 광명을 놓아 널리 시방 중생을 위해 미묘한
법을 설하신다. 이와 같이 모든 부처님은 각각 한량없는 중
생을 부처님의 바른 도리에 편안하고 머물게 하신다."

『무량수경』

극락정토에
왕생한 이들의 모습

"아난아, 저 국토의 보살은 모두 일생보처에 이르게 된
다. 그러나 그 본원에 따라 중생들을 위해 큰 서원의 공
덕으로써 스스로 장엄하고 널리 모든 중생을 제도하려
고 하는 보살은 제외된다. 저 불국토 가운데 성문들은
그 몸에서 발하는 광명이 한 길이며, 보살의 광명은 1백
유순을 비춘다. 두 보살이 가장 존귀하고 으뜸가는데,
위신력의 광명은 두루 삼천대천세계를 비춘다."

『무량수경』

극락세계에 왕생한 이들은 모두 일생보처에 이른다. 일
생보처란 다음 생에 부처님이 되는 지위를 말한다. 도솔천

에 미륵보살같이 한 번 더 생을 받고 그곳에서 성불하는 경우다. 따라서 극락세계에 왕생한 이들은 아미타부처님과 여러 보살의 도움으로 수행하여 마침내 일생보처에 오른다. 그리고 다음 생에는 본인이 원하는 나라에 태어나 그곳에서 성불하게 된다. 그러나 중생 제도를 위해 스스로 발원해 예토에 태어나고자 하는 이는 일생보처에 머물지 않는다.

극락정토에 왕생하는 이는 누구나 청정한 몸과 아름다운 목소리, 모든 신통력과 공덕을 갖춘다. 성문, 보살, 사람, 하늘 등으로 언급하고 있지만, 지난 업에 따른 구분일 뿐 모두 정정취(正定聚)에 머문다. 정정취는 반드시 성불할 수 있는 성품을 지닌 이들이다. 극락세계에는 성불할 소질이 없는 사정취(邪定聚)나 아직 성불이 결정되지 않는 부정취(不定聚)는 없기 때문이다.

따라서 "극락에 왕생한 이들은 모두 지혜가 높고 밝으며, 신통에 통달하였다. 모두 한결같은 모습으로 달리 생긴 모습은 없다. 다만 다른 세계의 인연에 따라 사람과 하늘의 이름이 있을 뿐이다. 그 얼굴과 모습은 단정하고 매우 뛰어나다. 용모와 빛깔은 미묘하여 하늘도 아니고 사람도 아니다. 모두 허공처럼 걸림 없는 몸과 최상의 몸을 저절로 받았다."(『무량수경』)고 말씀하신다. 극락세계에 왕생한 이의 모습과 공덕은 다 설할 수 없다. 단지 우리 사는 예토의 입장에 따라서 사람 등의 모습으로 설명할 뿐이다. 이러한 입장에서 『무량수경』에서는 다음과 같이 설명한다.

"한 보살은 관세음보살이고, 또 한 보살은 대세지보살이라 이름한다. 이 두 보살이 이 국토에서 보살의 행을 닦고 목숨이 다하자 몸을 바꾸어 저 세계에 태어났다. 아난아, 어떤 중생이든지 저 국토에 태어난 자는 모두 다 32상을 갖춘다. 지혜가 충만하여 모든 법의 이치를 깨달아 묘법을 밝히고 신통이 자재하며 육근이 청정하고 맑다. 근기가 둔한 이는 법문을 듣고 깨닫는 음향인과 진리에 따르는 유순인을 성취하고, 근기가 수승한 이는 가히 헤아릴 수 없는 무생법인을 얻는다.

또 저 보살은 성불할 때까지 악취(지옥, 아귀, 축생)에 떨어지지 않으며 신통이 자재하여 항상 과거의 일을 안다. 내[석가모니부처님]가 일부러 이 사바세계에 태어났듯이, 다른 세계의 오탁악세에 태어나서 중생을 제도하겠다는 이는 제외한다."

"저 국토의 보살들은 부처님의 위신력을 받아 한 번 밥

먹는 사이에 한량없는 시방세계에 가서 모든 부처님을 공경하고 공양을 올린다. 마음으로 생각하는 바에 따라서 꽃, 향, 음악, 일산, 깃발 등 무량무수한 공양구가 저절로 나타난다. 세상에 있지 않은 것으로 진귀하고 미묘하며 뛰어나다. 곧 이것을 가지고 모든 부처님, 보살, 성문 등 대중에게 받들어 뿌리면 허공 가운데 변하여 꽃 일산이 된다. 광명은 찬란하고 향기는 널리 퍼진다. 그 꽃은 둘레가 4백 리나 되고, 이처럼 점점 배로 더하여 큰 것은 삼천대천세계를 덮는다. 그 전후에 따라 차례로 변하여 사라진다. 모든 보살들이 다 기뻐하여 허공 가운데 미묘한 음악으로 부처님의 덕을 찬탄하며 경의 법문을 듣고 받아 한량없이 기뻐한다. 이처럼 공양을 올리고 나서 아직 밥을 다 먹기 전에 홀연히 그 본래의 국토에 가볍게 돌아온다.”

　“그 부처님의 국토에 태어난 보살 등이 법을 설할 수 있는데, 항상 정법을 설하고, 지혜에 따라서 어긋남이 없고 모자람도 없다.
　그 국토의 모든 물건에 대해 내 것이라는 마음이 없고, 집착하는 마음이 없다. 가고 오며 나아가고 머무는데, 정(情)에 얽매이지 않고 뜻대로 자재하며 친하게 여기거나 소원하게 여기는 것이 없으며, 남도 없고 나도 없으며, 겨루는 일도 없고 다투는 일도 없다. 모든 중생에 대해 대자비로 이익을 주려는 마음을 내어 부드럽게 다스리고 분노하거나 원망하는 마음이 없으며 번뇌를 떠나 청정하다.

게으름이 없는 마음, 평등하게 실천하는 마음, 뛰어난 경지에 나아가려는 마음, 두텁게 추구하는 마음, 선정의 마음, 법을 사랑하고 법을 즐거워하며 법을 기뻐하는 마음으로 모든 번뇌를 멸하고 악취의 마음을 멀리 떠나서 마침내 일체 보살의 행을 이룬다.

그리고 무량공덕을 이룬다. (이러한 무량공덕을 갖추고 중생을 자재롭게 제도한다.)"

『무량수경』

제 3 장
아미타불과 법장보살의 48대원

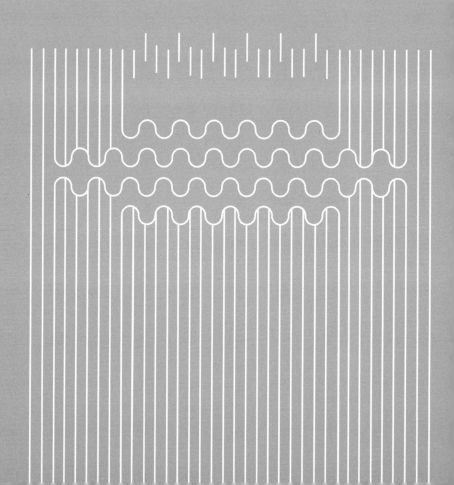

법장보살,
아미타부처님의 전생

부처님께서 아난존자에게 말씀하셨다.

　"일찍이 헤아릴 수 없는 과거 아득히 먼 옛날에 정광 여래가 출현하셨다. 한량없는 중생을 교화하고 제도하여 모두 도를 얻게 하고 열반에 드셨다. 그리고 다음을 이어서 부처님이 계셨다. 그 이름은 광원불, 월광불, 전단향불, 선산왕불, 수미천관불, 수미등요불, 월색불, 정념불, 이구불, 무착불, 용천불, 야광불, 안명정불, 부동지불, 유리묘화불, 유리금색불, 금장불, 염광불, 염근불, 지동불, 월상불, 일음불, 해탈화불, 장엄광명불, 해각신통불, 수광불, 대향불, 이진구불, 사염의불, 보염불, 묘정불, 용립불, 공덕지혜불, 폐일월광불, 일월유리광불, 무상유

114 • 정토, 이야기로 보다

리광불, 최상수불, 보리화불, 월명불, 일광불, 화색왕불, 수월광불, 제치명불, 도개행불, 정신불, 선숙불, 위신불, 법혜불, 난음불, 사자음불, 용음불, 처세불 등이다. 이와 같은 모든 부처님이 이미 지나가셨다.

그 다음에 부처님이 계셨다. 세자재여래·응공·등 정각·명행족·선서·세간해·무상사·조어장부·천인 사·불세존이라 한다.

그 무렵 국왕이 있었다. 부처님의 설법을 듣고는 마음 에 기쁨을 품고 바로 위없는 바르고 참된 도의 뜻을 내 었다. 그리하여 나라와 왕위를 버리고 출가하여 법장(法 藏)이라 이름하는 사문이 되었다. 재주와 용맹은 세상 에서 뛰어났다. 세자재왕부처님 처소에 가서 부처님 발 에 머리를 조아리고 오른쪽으로 세 번 돌고 나서 무릎을 꿇고 합장하며 게송으로 부처님의 공덕을 찬탄하였다."

『무량수경』

아미타부처님은 전생에 법장보살로서 48가지 서원을 세 위 수행한 결과 성불하여 서방정토의 교주가 되셨다. 법장 보살을 혹은 법장비구라고도 한다. '법장(法藏)'은 범어로 다르마굽타(Dharmagupta)다. '담마가류' 또는 '담마가'라 음역하고, 보적(法積)이라고 의역하기도 한다. 『무량수경』에서 부처님 법문의 시작이 바로 법장보살에 대한 이야기다.

법장보살의 출가는 아득히 먼 옛날 정광여래께서 오신이후, 정광여래를 포함하여 54번째로 오신 부처님인 세자재여래께서 오셨을 때 일이다. 참고로 범어본 또는 티베트본 정토경전에서는 정광여래 이전에 앞서 언급한 53분의 부처님이 이 땅에 오셨으며, 그 가운데 제일 먼저 오신 분이 바로 세자재여래라고 한다. 그렇다면 법장보살은 정광여래보다 훨씬 이전에 세자재여래를 친견하고 가르침을 받았다.

이렇게 정광여래와 세자재왕여래를 포함하여 54분의 부처님을 언급하는 것은 법장보살의 출현을 전후하여 법장보살의 원력과 수행이 영원한 것으로 풀이한다.

법장보살은 한 나라의 왕이지만, 세자재여래의 법문을 듣고 보리심을 일으켜 출가하였다. 법장보살은 게송으로 부처님을 찬탄하고 발원하였다.

원컨대 제가 부처님 되어

거룩한 법왕[부처님]처럼
나고 죽는 중생을 제도하고
해탈하게 하리라.
…

만약에 제가 부처님이 되면
국토 장엄은 으뜸가게 하리.
중생들은 모두 훌륭하게 되고
도량은 가장 뛰어나게 되리라.

그 나라는 번뇌 없이 평온하여
세상에 견줄 만한 것이 없으니
온갖 중생들 가엾이 여겨
제가 마땅히 제도하리라.

시방에서 왕생한 중생들
마음이 기쁘고 청정하리니
이미 제 나라에 와서는
즐겁고 평안하리라.

『무량수경』

법장보살은 세자재왕여래의 가르침에 따라 수많은 겁 동안 수행하여 마침내 아미타부처님이 되어 극락정토를 주재한다.

그런데 생각해보면, 아미타부처님의 전생 수행이 법장보살의 한 생뿐이겠는가? 『무량수경』에 의하면 법장보살은 세자재왕여래의 가르침을 받고 이후 여러 생을 원하는 모습으로 태어나서 보살도를 행한다. 그 공덕은 가히 헤아릴 수 없다.

『정토보서』에는 경전에 언급되는 아미타부처님의 과거세 수행자 인연을 다음과 같이 언급한다. 『정토보서』는 조선시대 백암 성총스님(1631~1700)이 1686년에 편찬하여 간행한 정토신앙 권장서이다.

"『비화경』에서 말하였다.

옛날 전륜왕은 이름이 무쟁념으로 사천하를 다스렸다. 신하인 보해가 아들을 낳았다. 그 아들이 출가하여 성불하니 보장부처님이다. 왕이 공양 올리기를 청하자 부처님께서 삼매에 들어 대광명을 놓아 시방세계를 비추었다. 그 가운데는 정토도 있고 예토도 있었다.

왕이 부처님께 여쭈었다.

'무슨 이유로 세계에 정토도 있고 예토도 있습니까?'

부처님께서 말씀하셨다.

'보살의 원력으로 청정토를 취하기도 하고 부정국(不淨國)을 취하기도 하느니라.'

왕이 여쭈었다.

'제가 이제 발원합니다. 제가 성불할 때 국토에 삼악도가 없을 뿐만 아니라 중생들이 모두 금색이며 갖가지로 장엄하기를 원합니다.'

부처님께서 말씀하셨다.

'그대가 서방으로 1항하사 아승지겁을 지나가면 그 세계를 안락이라 한다. 그대는 이때에 성불하여 무량수여래가 되리라.'

『고음경』에서 말하였다.

과거 묘희국에서 교시가 왕이 있었다. 할아버지는 청태구왕, 아버지는 월상전륜왕, 어머니는 수승묘안이었다. 세 아들의 이름은 첫째는 월명, 둘째는 교시가, 셋째는 제중이었다. 이때 부처님이 세상에 나오셨으니 세자재왕여래다. 교시가가 도를 닦고자 하는 마음을 품고 나라를 버리고 출가하니 바로 법장비구다. 법장비구는 48대원을 세웠다. 만약 이 소원을 이루지 못하면 성불하지 않겠다고 서원하였다. 이때 대지가 진동하고 하늘에서는 묘화가 내렸으며, 공중에는 합장하여 찬양하였다. '반드시 성불하리라.'

『법화경』에서 말하였다.

대통지승불 때에 열여섯 명의 왕자가 일시에 출가하여 항상 법화경을 강설하였는데 나중에 모두 성불하였다. 그중 아홉째 왕자가 바로 지금의 아미타부처님이다.

『대승방등총지왕경』에서 말하였다.

무구염칭기왕불 때에 어떤 청정비구가 경전 11억 부를 모두 가지고 중생의 서원을 따라 널리 설법하였다. 그 비구가 바로 지금의 아미타부처님이다.

『현겁경』에서 말하였다.

운뢰후여래 때에 정복보중음이라는 왕자가 부처님을 공양하였다. 그 왕자가 바로 지금의 아미타부처님이다.

또 『현겁경』에서 말하였다.

금룡결광불 때에 무한량보음행이라는 법사가 경법을 힘써 홍보하였다. 그 법사가 바로 지금의 아미타부처님이다.

『관불삼매경』에서 말하였다.

공왕불 때 마음에 번뇌가 가득 덮여 있는 네 비구가 있었다. 공중에서 부처님을 관하라는 가르침에 따라 마침내 염불삼매를 얻었다. 그 셋째 비구가 지금의 아미타부처님이다.

『여환삼마지무량인경』에서 말하였다.

사자유희금광여래 때에 승위존중이라는 국왕이 그 부처님을 공양하고 선정행을 닦았다. 그 국왕이 바로 지금의 아미타부처님이다.

『일향출생보살경』에서 말하였다.

옛날 한 태자가 이 미묘한 법문을 듣고서 받들어 지니고 정진하여 다시 팔천만억 사람을 교화하고 불퇴전을 얻었다. 그 태자가 바로 지금의 아미타부처님이다."

『정토보서』(백암 성총스님 저)

이미 성불하신 부처님,
법장보살로 오시다

부처님께서 아난에게 말씀하셨다.

"법장비구는 게송을 마치고 세자재왕부처님께 여쭈었다.

'세존이시여! 저는 위없는 정각의 마음을 일으켰습니다. 원컨대 부처님께서는 저를 위해 경법을 말씀하여 주십시오. 저는 마땅히 수행해서 청정한 불국토와 장엄이 한량없는 묘한 국토를 건설하겠습니다. 저로 하여금 금생에 빨리 정각을 이루어 모든 생사의 고통의 근원을 없애게 하여 주십시오.'

그때 세자재왕부처님께서 법장비구에게 말씀하셨다.

'그대가 수행하고자 하는 것과 불국토를 장엄하고자

하는 일은 그대 스스로 마땅히 알고 있다.'

법장비구는 부처님께 아뢰었다.

'그러한 뜻은 넓고 깊어서 저의 경계가 아닙니다. 오직 원컨대 세존께서 모든 여래께서 불국토를 이룩하신 수행법을 자세히 말씀해주십시오. 저는 이러한 말씀을 듣고서 마땅히 말씀하신 대로 수행하여 소원을 성취하겠습니다.'"

『무량수경』

찬탄과 발원을 마친 법장보살은 위 경전 말씀처럼 세자재왕여래에게 극락국토를 장엄하는 수행법을 구한다. 이때 세자재왕여래께서는 '법장보살 스스로 잘 알고 있으리라.' 하셨다.

왜 부처님께서는 '법장보살 스스로 잘 알고 있으리라.' 하셨을까? 앞서 언급하였지만, 아미타부처님께서는 이전에 법장보살뿐만 아니라 여러 보살로서 나타나 수행하셨다. 따라서 업생이 아니라 원생으로 태어나신 분이니, 당연히 보살로서 태어난 현생뿐만 아니라 전생 등의 일도 알고 있다. 그러므로 전생에 부처님으로부터 가르침을 받았던 수행법을 마땅히 알고 있으리라.

그런데 이런 생각에서 더 들어간다. 바로 아미타부처님께서 법장보살로서 오시기 훨씬 전에 이미 부처님이 되셨다고 본다. 이는 일본 정토진종의 해석이다. 확대해석이라 하기도 하지만, '본래 부처님', '본래 성불'이라는 측면에서 생각해볼 수 있다.

여하튼 아미타부처님이 법장보살 이전에 이미 성불하였다는 견해는, 앞서 언급한 세자재왕여래를 포함한 54분의 부처님에 대한 해석과 연결된다. 『무량수경』에서 54분의 부처님을 언급한 것은, 아미타부처님은 아득한 옛날에 이미 성불하신 분이지 세자재왕여래 때 법장보살로서 수행하여 성불한 부처님이 아니라는 말이다.

즉 이미 오래전에 성불하셨는데, 중생 구제를 위해 다시 보살 등의 모습으로 세상에 출현하여 중생을 구제하고, 이후 다시 성불하는 모습을 보이신다. 석가모니부처님이 그렇고, 관세음보살이 그렇다.

『법화경』「여래수량품」에 의하면, 석가모니부처님의 성불은 금생의 일이 아니라 실은 성불한 지는 무량무변 백천만억 나유타 겁이 된다고 한다. 수명 또한 한량없는 아승지 겁이어서 항상 머물러 멸하지 않는다. 그동안에 항상 영축산과 기타 도처에서 중생의 이익과 안락을 위해 교화와 설법을 그치지 않으셨다. 이러한 『법화경』 「여래수량품」의 가르침을 구원성불(久遠成佛)이라고 한다.

『천수천안관세음보살광대원만대비심다라니경』에 의하면, 관세음보살은 이미 지나간 한량없는 겁 가운데 이미 부처님이 되어 정법왕여래라 하였다. 모든 이들의 삶을 안락하게 성숙시키기 위해 현재 보살이 되었다. 그리하여 현재 서방정토에서 아미타불의 좌보처가 되어 중생들에게 자비를 베푼다. 그리고 『관세음보살수기경』에 의하면, 아미타부처님이 열반하시고 난 뒤 아미타부처님의 가르침이 다하면 관세음보살은 서방정토에서 부처님이 되어 보광공덕산왕여래라 한다.

석가모니부처님과 관세음보살과 마찬가지로 아미타부처님도 이미 오래전에 성불하셨는데, 지금 여러 모습으로 와서 수행하여 부처님이 된다고 본다. 이러한 아미타부처님의 성불에 대한 경전 말씀은 아직 보지 못했다. 그런데 정토진종 등에서 앞서 언급한 '그대가 수행하고자 하는 것과 불국토를 장엄하고자 하는 일은 그대 스스로 마땅히 알고 있다.'는 구절을 그 근거로 본다. 지금 법장보살로 왔지만, 이미 성불하셨고 또한 여러 생에 여러 모습으로 수행하였기에 세자재왕여래께서 법장비구에게 '그대는 이미 알고 있다.'고 말씀하셨다고 본다.

여하튼 오래전에 이미 성불하였다는 구원성불의 가르침
은 부처님 수명의 무량, 불신(佛身)의 상주, 중생 교화와 제
도의 무량, 자비의 무량 등을 나타낸다.

한편으로 이러한 가르침은 '중생이 부처님이다.'라는 가
르침을 던져준다. 먼 옛날 성불하였다는 말은 우리 중생이
본래 가지고 있는 불성을 말한다. 관세음보살이 행한 보살
도는 곧 우리가 행할 보살도를 말한다. 먼 미래에 관세음보
살이 성불한다는 말은 곧 우리 스스로 부처님임을 자각한
다는 가르침이다.

법장보살,
48대원을 세우고 실천하다

그때 세자재왕부처님은 그가 매우 현명하고 의지와 서원이 깊고 넓음을 아시고 곧 법장비구를 위하여 경(經)을 설하였다.

"비유하자면 비록 큰 바다일지라도 한 사람이 억겁의 세월을 두고 퍼낸다면 오히려 그 바다을 드러내고 귀한 보배를 얻는다. 사람이 지극한 마음으로 정진하여 도를 구하고 멈추지 않으면 마땅히 그 결과를 얻게 되는데, 어찌 소원을 이루지 못하겠는가."

그리고 세자재왕부처님께서는 곧 210억 불국토와 그곳에 태어난 하늘과 사람의 선악과 국토의 거침과 미묘함을 자세히 설하셨다. 그가 마음으로 원하는 것에 응하여 모두 보여주셨다.

『무량수경』

찬탄과 발원을 마친 법장보살은 세자재왕여래에게 극락
국토를 장엄하는 수행법을 구한다. 이때 세자재왕여래께서
는 법장보살 스스로 잘 알고 있으리라 하면서 위와 같은 법
문을 주시고, 정토의 실례로 210억 불국토를 보여주셨다.
여기서 210억 불국토는 『화엄경』(80권본)에 연화장세계의
수를 210억이라 한 것에 따른다.

'아무리 큰 바다일지라도 억겁을 퍼내면 바닥이 드러나
듯이, 지극한 마음으로 정진하여 도를 구하면 마땅히 결과
를 얻는다.'는 말씀은, 끊임없는 정진을 강조한 말씀이자
법장비구가 원하는 바를 마땅히 이룰 수 있다는 증명이기
도 하다. '네가 곧 원이고 네가 원을 이룰 자'임을 천명하였
다고 풀이한다.

이에 법장비구는 부처님께서 보여주신 청정한 불국토를
모조리 보았다. 그리고 간절한 서원을 세웠다. 마음에 집착
이 없었다. 그리하여 5겁의 오랜 세월을 두고 불국토를 이
루고 장엄하기 위한 청정한 수행에 온 정성을 다하였다.

그 세자재왕여래의 수명은 42겁이다. 그때 법장비구는

210억 불국토의 청정한 수행법을 선택하여 열심히 수행하고 난 후, 다시 세자재왕여래께 나아가 예배하였다. 여래의 가르침에 따라 48대원을 말씀드렸다. 이때 공중으로부터 수기를 받는다. "그대는 반드시 위없는 정각을 이루리라."

다시 말하면 법장보살이 서원과 수행으로 210억 정토를 살펴보고, 그것을 바탕으로 그가 세우고자 하는 정토의 내용을 48대원에 담는 데 5겁이 걸렸다. 어마어마한 시간이다. 이러한 서원에 따라 세워질 정토는, 한없이 넓고 청정미묘하고 비길 데가 없으며 모든 것이 영원불변하여 변하지도 않고 사라지지도 않는 극락정토다.

법장비구는 이러한 정토를 세우기 위해 불가사의한 세월 동안 영겁을 지나면서 보살의 헤아릴 수 없는 수행 공덕을 쌓았다. 즉 48대원을 세우는 데 5겁의 세월이 걸렸고, 이후 극락정토를 세우기 위해 불가사의한 영겁의 세월 동안 보살도를 행하였다.

〈번뇌를 떠남〉

'탐내는 생각, 성내는 생각, 해치려는 생각을 내지 않고, 탐내는 마음, 성내는 마음, 해치려는 그런 마음도 없었다. 색성향미촉법에 집착도 하지 않았다. 인욕의 힘을 성취하여 온갖 고통을 헤아리지 않았고, 욕심이 적고 만족할 줄 알았다. 탐욕과 성냄과 어리석음이 없고, 항상 삼매에 들어 고요하며 지혜는 걸림이 없었다. 거짓과 아첨하는 마음이 없고, 온화한 얼굴과 사랑스러운 말씨로써 먼저 좋을 뜻을 세우고 질문을 받았다.'

〈선(善)을 닦음〉

'용맹스럽게 정진하고, 뜻한 서원을 이루는 데 게으르지 않고, 오로지 깨끗한 법을 구하여 중생들에게 은혜를 베풀어 이롭게 하였다. 삼보를 공경하고 스승과 어른을 받들어 섬기고, 대장엄으로 온갖 행을 갖추어서 중생들로 하여금 공덕을 이루게 하였다. 공(空), 무상(無相), 무원(無願)의 법에 머물러서 짓는 것도 없고, 일으키는 것도 없으며, 법을 허깨비와 같다고 관하였다.'

〈악업을 떠남〉

'자신을 해치거나 남을 해치거나 자신과 남을 모두 해치는 거친 말을 떠나고, 자신이 이롭거나 남이 이롭거나 남과 자신 모두 이로운 착한 말을 닦았다.'

〈선(善)을 닦음〉

'나라를 버리고 왕위를 내놓고 재물과 색을 끊었으며, 스스로 육바라밀을 행하고 다른 사람으로 하여금 행하도록 가르쳤다.'

『무량수경』

이처럼 법장보살은 헤아릴 수 없는 세월 동안 무수한 공덕을 쌓았다. 이러한 공덕으로 법장비구는 어느 곳이든 원하는 곳에 태어났으며, 한량없는 법문이 저절로 나와 수많은 중생을 교화하여 편안하게 하고 위없이 바르고 참된 도에 머물게 하였다. 그리고 법장보살은 다양한 모습으로 세상에 나타나서 모든 부처님께 공양 공경하였다.

'혹은 장자, 거사, 세력 있는 가문, 존귀한 이가 되거나 혹은 크샤트리아, 왕, 전륜성왕이 되거나 혹은 육욕천, 나아가 범왕이 되어서 항상 네 가지 물건[음식, 의복, 침구, 약품]으로 모든 부처님께 공양하고 공경하였다. 이와 같은 공덕은 헤아릴 수 없다.'

『무량수경』

이렇듯 법장보살의 수행은 48대원을 발하기 이전에는 정토의 내용을 담은 48대원을 세우기 위한 수행이었다면, 이후에는 48대원을 실현하여 극락정토를 세우기 위한 수행이었다.

법장보살이
48대원을 말하다

아난이 부처님께 여쭈었다.

"저 세자재왕부처님 국토의 수명은 얼마나 됩니까?"

부처님께서 말씀하셨다.

"그 부처님의 수명은 42겁이 된다. 그때 법장비구는 210억 불국토의 청정한 행을 받아들였다.

이와 같이 수행하고서 저 부처님의 처소에 나아가 머리를 조아려 부처님의 발에 절하고 부처님을 세 번 돌고 합장하여 부처님께 여쭈었다.

'세존이시여, 저는 이미 불국토를 장엄한 청정한 행을 받아들였습니다.'

세자재왕부처님께서 법장비구에게 말씀하셨다.

'그대가 지금 서원과 수행을 말해야 할 그때다. 모든 대중을 발원하게 하고 기쁘게 할 수 있다. 보살들은 듣고 나서 이 법을 수행해서 한량없는 큰 원을 원만히 성취하는 데에 이를 것이다.'

법장비구는 부처님께 말씀드렸다.

'오직 듣고 살펴주십시오. 제가 원하는 바를 그대로 자세히 말씀드리겠습니다.

제가 부처님이 될 때 그 나라에 지옥, 아귀, 축생이 있다면 저는 깨달음을 이루지 않겠습니다.…'…"

『무량수경』

법장보살은 5겁 동안 210억 불국토의 수행법을 받아들이고 세자재왕여래에게 예를 올린다. 이때 부처님께서는 법장보살의 서원을 대중들에게 말하라고 권하신다. 그러면 범부와 이승[성문승, 연각승]은 모두 함께 그 국토에 왕생하기를 발원하고 기뻐하게 되며, 보살은 또한 함께 발원하고 수행하게 된다. 이 발원을 수행한 인연 때문에 한량없는 큰 원을 성취하게 된다.

이러한 부처님의 가르침에 따라 법장보살은 '만약 제가

부처님이 되어서도 그 나라에 지옥, 아귀, 축생이 있다면 저는 깨달음을 이루지 않겠습니다.' 등 48대원을 자세히 언급한다.

발원! 부처님 가르침으로 나아가는 데는 발원이 참으로 중요하다. 험난한 사바세계를 살아가는 범부의 경우에도 발원이 중요한데, 모든 중생을 제도하고자 하는 법장보살과 같은 보살의 서원은 어떠하겠는가.

『팔천송반야경』(『소품반야경』)에서는 보살을 "위대한 갑주(甲冑)로 몸을 굳건히 하고 있는"이라고 표현한다. 모든 중생을 제도하고자 하는 보살이야말로 위대한 갑주로 몸을 굳건히 한 영웅이라는 뜻이다.

보살의 큰 결심을 '큰 서원(誓願)의 갑옷을 입는다.'고 한다. 또 승나승열(僧那僧涅, saṁnāha-saṃnaddha)이라고 음역한다. '승나'는 홍서(弘誓)·대서(大誓)라 번역하고 '승열'은 자서(自誓)라 번역한다. 사홍서원을 스스로 맹세하는 것을 승나승열이라 한다. 혹 사홍서원을 갑옷에 비유하여, 승나는 개(鎧, 갑옷), 승열은 저(著, 입는 것)로 번역하여 사홍서원[갑옷]을 맹세하고 발원하는 것[著]에 비유하기도 한다.

사홍서원은 불자라면 대부분 알지만, 혹 모르는 이를 위해 언급해보자.

중생을 다 건지오리다.
번뇌를 다 끊으오리다.
법문을 다 배우오리다.
불도를 다 이루오리다.

사홍서원은 총원(總願)이라고 한다. 어느 누구에게나 공통되는 서원이라는 말이다. 반면, 별원(別願)이 있다. 별원은 보살이 일으킨 별도의 서원을 말한다. 별도의 서원으로는 법장보살의 48대원, 보현보살의 10대행원, 약사여래의 12원, 승만부인의 10대수와 3대원 등이 있다. 그런데 이러한 불보살의 서원은 그 근본은 다름이 없지만, 중생의 근기와 인연에 따라 차이가 날 뿐이다.

문。
"여러 부처님의 본서(本誓)는 같은가, 다른가. 다르다면 곧 어긋난다. 『화엄경』에서 '일체의 모든 부처님이 모두 일체의 서원을 갖추어서 원만히 한 다음에 비로소 성불하였다.'라고 하기 때문이다. 같다면 역시 어긋난다. 약사부처님은 12원을 세우고, 아미타부처님은 48원을 세웠기 때문이다.

답。

한 가지 서원이라도 적은 가운데 불도를 이룬 부처님은 한 분도 없다.

그러므로 모든 부처님의 본서는 모두 같다. 그러나 교화 대상의 근기에 따라 12대원으로 현재의 고통을 없애줄 인연이 이미 성숙하였기 때문에 48대원을 설하지 않으셨고, 아미타부처님께서 48대원으로 미래의 즐거움을 줄 인연이 성숙하였기 때문에 12대원을 설하지 않으셨다. ….”

『무량수경연의술문찬』(경흥스님 저)

보살의 서원은 그 옛날 과거세부터 간직하고 실천하는 서원이다. 이러한 서원을 본원(本願), 본서(本誓)라고 한다. 본원이라는 말에는 근본원이라는 뜻도 포함된다. 보살의 서원은 헤아릴 수 없이 많지만, 오로지 이 서원만을 근본으로 삼기 때문이다. 따라서 법장보살의 48대원을 법장보살의 본원 또는 아미타부처님의 본원이라고도 한다.

한편 신라 경흥스님(7세기 중~8세기 초)의 『무량수경연의술문찬』을 보면, 서원(誓願)에서 '원'은 바라고 원하는 것이고, '서'는 소원을 이루기 위해 그 마음을 자제하는 것으로 풀이한다.

"원(願)이란 바라고 구하는 것을 말한다. 이른바 '제가 부처님이 될 때' 등과 같은 것을 말한다. 또한 '서(誓)'란 소원을 이루기 위해 그 마음을 자제하는 것을 말한다. '깨달음을 이루지 않겠습니다.'라고 한 것이 이것이다. 모든 소원이 원만하게 이루어지지 않으면 끝내 성불하지 않을 것이기 때문이다. 만약 소원이 원만하게 이루어지지 않았으나 성불할 수 있는 상황이 생겨난다면 끝내 취하지 않을 것을 맹세했기 때문이다."

『무량수경연의술문찬』

신행생활에서 불보살을 염한다는 것은 그분들의 가피력을 입고자 하는 것과 함께 그분들의 서원을 마음속에 새기며 나도 그렇게 실천하고자 하는 다짐의 의미도 있다. 첫머리에 인용한 『무량수경』에서도 세자재왕부처님께서 법장보살에게 서원을 말하라고 권하시는 이유가 모든 중생과 보살이 함께 발원하고 수행하게 하고자 하기 때문이라 하였다. 부처님 가르침으로 가는 데에는 발원이 반드시 필요하다.

"부처님 나라에 가는 것은 큰 일이므로 혼자 공덕만을 행해서는 성취할 수 없다. 반드시 원력을 필요로 한다. 소가 아무리 힘껏 수레를 끌어도 반드시 부리는 사람이 있어야 하는 것과 같고, 청정한 불국토에 가는 데에는 서원이 끌어줌으로 말미암아 이루어지는 것과 같다. 또 원력에 의해 복덕이 증장하여 잃지도 않고 무너지지도 않아 항상 그 부처님을 보기 때문이다."

『대지도론』

법장보살의
48대원

법장비구는 부처님께 말씀드렸다.

"꼭 들어주십시오. 제가 원한 바를 자세히 말씀드리겠습니다.

1　제가 부처님이 될 때 그 나라에 지옥, 아귀, 축생이 있다면 저는 깨달음을 이루지 않겠습니다.

2　… 그 나라 사람과 하늘이 수명이 다한 뒤에 다시 삼악도에 떨어진다면 ….

3　… 그 나라 사람과 하늘이 진금색이 되지 않으면 ….

4　… 그 나라 사람과 하늘의 모양이 같지 않아 잘나고 못난 이가 있다면 ….

5   … 그 나라 사람과 하늘이 숙명통을 얻지 못해 천 백억 나유타의 옛 일을 알지 못한다면 ….

6   … 그 나라 사람과 하늘이 천안통을 얻지 못해 백 천 나유타 모든 세계를 볼 수 없다면 ….

7   … 그 나라 사람과 하늘이 천이통을 얻지 못해 백 천 나유타의 여러 부처님들이 말씀하신 바를 모 두 듣고 받아 지닐 수 없다면 ….

8   … 그 나라 사람과 하늘이 타심통을 얻지 못해 백 천억 나유타 모든 부처님 국토 가운데 중생들의 마음을 알지 못한다면 ….

9   … 그 나라 사람과 하늘이 신족통을 얻지 못해 일 념 사이에 백천억 나유타의 모든 불국토를 지나 가지 못한다면 ….

10 … 그 나라 사람과 하늘이 자신의 몸에 집착하는 생각을 낸다면 ….

11 … 그 나라 사람과 하늘이 반드시 열반에 이르는 정정취에 이르지 못한다면 ….

12 … 광명이 한계가 있어 백천 나유타의 모든 불국 토를 비출 수 없다면 ….

13 … 수명에 한계가 있어 백천억 나유타 겁에 이른

다면 ….

14   … 그 나라 성문들의 수효에 한량이 있어서 삼천
대천세계의 성문과 연각이 백천 겁 동안 세어서
그 수효를 알 수 있다면 ….

15   … 그 나라 사람과 하늘의 수명이 능히 한량이 없
습니다. 다만 중생을 제도하기 위한 서원에 따라
수명을 길거나 짧게 자유로이 하는 경우는 제외
합니다. 만약 이렇게 되지 않는다면 ….

16   … 그 나라 사람과 하늘이 나쁜 이름을 듣는다면
….

17   … 시방세계를 헤아릴 수 없는 모든 부처님들이
저의 이름을 찬탄하지 않는다면 ….

18   … 시방의 중생들이 지극한 마음으로 믿고 원해
저의 나라에 태어나고자 내지 십념을 했는데 만
약 태어날 수 없다면 …. 오직 오역죄를 짓거나 정
법을 비방한 이는 제외합니다.

19   … 시방세계 중생이 보리심을 일으켜서 모든 공
덕을 닦고, 지극한 마음으로 발원해서 임종 시에
저의 국토에 태어나고자 원할 때, 제가 대중에게
둘러싸여 그 사람 앞에 나타나지 못한다면 ….

20 … 시방세계 중생들이 저의 이름을 듣고 저의 국
    토를 생각하며 모든 공덕의 근본을 심고, 지극한
    마음으로 회향해서 저의 국토에 태어나려고 하나
    성취하지 못한다면 ….

21 … 그 나라 사람과 하늘이 모두 32상을 원만히 이
    루지 못한다면 ….

22 … 다른 불국토의 보살들이 저의 국토에 태어나
    면 반드시 일생보처에 이르게 될 것입니다. 서원
    을 따라 자유로이 변하여 중생을 위해서 큰 서원
    을 세워 공덕을 쌓아 모든 중생을 제도하고, 모
    든 불국토에 다니면서 보살의 행을 닦으며, 시방
    세계의 모든 부처님께 공양하고, 항하의 모래 수
    와 같이 무량한 중생을 제도하며 위없이 바르고
    참된 도를 세우게 하려는 이는 제외합니다. 점차
    로 오르는 모든 지위의 행을 초월해 바로 보현보
    살의 덕을 닦게 할 것입니다. 만약 그렇지 않다면
    ….

23 … 그 나라 보살들이 부처님의 신통력을 입고서
    한 끼 공양할 시간 동안 모든 부처님께 공양 올리
    기 위해 두루 헤아릴 수 없는 나유타의 모든 불국

토에 이를 수 없다면 ….

24   … 그 나라 보살들이 모든 부처님에게 공양 올리
     는 공덕을 나타내는데 요구하는 공양물을 뜻대로
     갖추지 못한다면 ….

25   … 그 나라 보살들이 모든 지혜를 연설할 수 없다
     면 ….

26   … 그 나라 보살들이 견고한 금강나라연의 몸을
     얻지 못한다면 ….

27   … 그 나라 사람과 하늘이 가진 모든 물건은 맑고
     찬란하게 빛나며, 모양이 빼어나고 지극히 미묘
     하여 능히 다 헤아릴 수 없을 것인데, 모든 중생이
     나 더 나아가 천안통을 얻은 이가 능히 명료하게
     그 이름과 수효를 알 수 있다면 ….

28   … 그 나라 보살들을 비롯하여 나아가 공덕이 아
     무리 적은 이들까지도 그 도량의 나무가 한없이
     빛나고 높이가 4백만 리나 되는 것을 알아 보지
     못한다면 ….

29   … 그 나라 보살들이 경과 법을 받아 읽고 외우며
     내용을 설명하는 데 변재의 지혜를 얻지 못한다
     면 ….

30　… 그 나라 보살들의 지혜와 변재가 한량이 있다면 ….

31　… 그 불국토는 한없이 청정하여, 가히 생각할 수 없는 시방세계의 모든 부처님 세계를 다 비춰 보는 것이 맑은 거울로 얼굴을 비춰 보는 것과 같습니다. 만약 그렇지 않다면 ….

32　… 땅으로부터 허공에 이르기까지 궁전, 누각, 흐르는 물, 꽃, 나무 등 나라 안에 있는 모든 만물이 헤아릴 수 없는 보배와 백천 가지의 향기로 이루어지고, 장엄하고 기묘함은 모든 사람과 하늘을 뛰어넘고, 그 향기는 널리 시방세계에 퍼지며, 그것을 맡는 보살은 부처님의 행을 닦습니다. 만약 그렇지 않다면 ….

33　… 시방세계의 헤아릴 수 없이 많은 모든 부처님 세계의 중생들이 저의 광명을 입고, 그들의 몸에 접촉하면 몸과 마음이 부드러워 사람과 하늘을 초월합니다. 만약 그렇지 않다면 ….

34　… 헤아릴 수 없이 많은 시방의 모든 부처님 세계의 중생들이 저의 이름을 듣고 보살의 무생법인과 심오한 총지[다라니]를 얻지 못한다면 ….

35 … 시방세계의 헤아릴 수 없이 많은 모든 부처님
    세계의 여인들이 저의 이름을 듣고서 환희심을
    내어 믿고 원해서 보리심을 일으켜 여자의 몸을
    싫어하는데 목숨을 마친 후 다시 여인이 된다면
    ….

36 … 시방세계의 헤아릴 수 없는 모든 부처님 세계
    의 모든 보살들이 저의 이름을 듣고서 목숨을 마
    친 후 항상 청정한 수행을 해서 불도를 이루게 됩
    니다. 만약 그렇지 않다면 ….

37 … 시방세계의 헤아릴 수 없는 모든 부처님 세계
    에 있는 모든 하늘과 인민들이 저의 이름을 듣고
    서 오체투지하여 부처님께 예배하고 환희심으로
    믿고 원하여 보살행을 닦을 때, 모든 하늘이나 사
    람들이 그들을 공경합니다. 만약 그렇지 않다면
    ….

38 … 그 나라 가운데 중생들이 옷을 얻으려 하면 생
    각하는 대로 바로 생기며, 부처님이 찬탄하신 것
    과 같은 법다운 미묘한 옷이 저절로 몸에 입혀집
    니다. 만약 바느질이나 염색이나 다듬이질이나
    세탁할 필요가 있다면 ….

39 … 그 나라 사람과 하늘이 누리는 상쾌한 즐거움
    이 모든 번뇌가 없는 비구처럼 되지 않는다면 ….

40 … 그 나라 보살이 뜻에 따라 시방세계의 한없이
    엄숙하고 깨끗한 불국토를 보려고 하면 그때 원
    하는 대로 마치 거울로 자기 얼굴을 보는 것처럼
    보배나무 사이에서 낱낱이 비춰 봅니다. 만약 그
    렇지 않다면 ….

41 … 다른 국토의 보살들이 저의 이름을 듣고 부처
    님이 될 때까지 육근에 부족한 점이 원만하게 갖
    추지 못한다면 ….

42 … 다른 국토의 모든 보살들이 저의 이름을 듣고
    서 다 청정한 해탈삼매를 얻으며, 이 삼매에 머물
    러서 한 생각 동안에 헤아릴 수 없는 불가사의한
    모든 부처님을 공양하더라도 삼매를 잃지 않습니
    다. 만약 그렇지 않다면 ….

43 … 다른 국토의 모든 보살들이 저의 이름을 듣고
    서 목숨을 마친 후 존귀한 집에 태어납니다. 만약
    그렇지 않다면 ….

44 … 다른 국토의 모든 보살들이 저의 이름을 듣고
    서 기뻐하여 보살의 행을 닦고 공덕의 근원을 갖

춥니다. 만약 그렇지 않다면 ….

45　… 다른 국토의 모든 보살들이 저의 이름을 듣고
　　서 모든 부처님을 두루 뵈올 수 있는 삼매를 얻으
　　며, 이 삼매에 머물러서 성불할 때까지 언제나 헤
　　아릴 수 없는 불가사의한 모든 부처님을 뵙습니
　　다. 만약 그렇지 않다면 ….

46　… 제 국토 가운데 보살들은 원하는 뜻에 따라서
　　듣고자 하는 법문을 저절로 듣게 됩니다. 만약 그
　　렇지 않다면 …

47　… 다른 국토의 모든 보살들이 저의 이름을 듣고
　　서 곧 불퇴전에 이를 수 없다면 …

48　제가 부처님이 될 때 다른 국토의 모든 보살들이
　　저의 이름을 듣고서 곧 제일 음향인, 제이 유순인,
　　제삼 무생법인을 얻지 못하고 모든 불법 중에서
　　불퇴전을 얻을 수 없다면 저는 깨달음을 이루지
　　않겠습니다.”

『무량수경』

법장보살 48대원의 각각 이름
[원명(願名)]

아난이 부처님께 여쭈었다.

"법장보살은 이미 성불하여 열반하였습니까? 아직도 성불하지 못했습니까? 지금 현재 있습니까?"

부처님께서 아난에게 말씀하셨다.

"법장보살은 이미 성불하여 현재 서방에 계신다. 그 세계는 여기서 10만억 국토를 지난 곳에 있고, 이름은 안락이라 한다."

아난이 또 여쭈었다.

"그 부처님이 성불하신 지는 얼마나 됩니까?"

부처님께서 말씀하셨다.

"성불한 이래 대략 10겁이 지났다.…."

법장보살이 아미타부처님이 되었다는 말은 그 48대원이
이뤄졌다는 말이다. 극락은 48대원에 상응한 공덕으로 장
엄된다. 따라서 48대원을 분석해보면 극락의 모습을 엿볼
수 있다.

『무량수경』에는 48원으로 되어 있지만, 이역본인 『대아
미타경』과 『무량청정평등각수경』에서는 24원, 『대승무량
수장엄경』에서는 36대원, 범본에서는 46원 또는 47원 그리
고 티베트본에서는 49원으로 되어 있다. 또한 그 본원의 내
용도 조금씩 차이가 난다. 혹은 두 가지 원이 하나로 합쳐
지거나, 혹은 생략되거나 등등 차이가 난다. 그 이유는 여
러 가지로 생각할 수 있다. 이 글에서는 요혜스님의 원명을
언급하고 『무량수경』에 의거하여 [표]와 같이 간단하게 풀
이한다.

	원명(願名)		내용
1	무삼악취원(無三惡趣願)		삼악취가 없다.
2	불갱악취원(不更惡趣願)		죽은 뒤 다시 삼악취에 떨어지지 않는다.
3	실개금색원(悉皆金色願)		몸은 모두 금색이다.
4	무유호추원(無有好醜願)		잘나고 못나고 구별이 없다.
5	숙명지통원(宿命智通願)	극락 중생은	숙명통을 얻는다.
6	천안지통원(天眼智通願)		천안통을 얻는다.
7	천이지통원(天耳智通願)		천이통을 얻는다.
8	타심지통원(他心智通願)		타심통을 얻는다.
9	신경지통원(神境智通願)		신족통을 얻는다.
10	속득누진원(速得漏盡願)		누진통을 얻는다.
11	주정정취원(住正定聚願)		정정취에 머문다.
12	광명무량원(光明無量願)	**아미타불의**	광명이 무량하다.
13	수명무량원(壽命無量願)		수명이 무량하다.
14	성문무수원(聲聞無數願)	극락 성문의	수는 셀 수 없다.
15	권속장수원(眷屬長壽願)	극락 중생은	수명이 무량하다.
16	무제불선원(無諸不善願)		좋지 않은 일과 이름을 듣지 않는다.
17	제불칭양원(諸佛稱揚願)	**아미타불의**	명호를 모든 부처님이 찬양한다.
18	염불왕생원(念佛往生願)	모든 중생이 극락왕생 원할 때	아미타불 명호를 부르면 극락왕생한다.
19	내영인접원(來迎引接願)		보리심 일으키고 임종하면 아미타불이 그 앞에 나타난다.
20	계념정생원(係念定生願)		선근공덕 회향하면 극락에 태어난다.

21	삼십이상원(三十二相願)	극락 중생은	32상을 갖춘다.
22	필지보처원(必至補處願)		반드시 일생보처에 이른다.
23	공양제불원(供養諸佛願)		모든 부처님께 공양한다.
24	공구여의원(供具如意願)	극락 보살은	부처님께 공양할 공양구를 원하는 대로 얻는다.
25	설일체지원(說一切智願)		일체지를 얻는다.
26	나라연신원(那羅延身願)		금강나라연 몸을 얻는다.
27	소수엄정원(所須嚴淨願)	극락 중생은	모든 물건의 빛깔과 모양이 정결하고 빼어나다.
28	견도량수원(見道場樹願)		극락 도량수를 본다.
29	득변재지원(得辯才智願)	극락 보살은	변재의 지혜를 얻는다.
30	지변무궁원(智辯無窮願)		지혜와 변재가 다함이 없다.
31	국토청정원(國土淸淨願)	극락 국토는	한없이 청정하다.
32	국토엄식원(國土嚴飾願)		장엄이 비교할 수 없다.
33	촉광유연원(觸光柔軟願)	모든 부처님 세계 중생은	아미타불 광명을 받고 몸과 마음이 유연하다.
34	문명득인원(聞名得忍願)		아미타불 명호를 듣고 무생법인을 얻는다.
35	여인왕생원(女人往生願)	모든 부처님 세계 여인은	아미타불 명호 듣고 죽은 뒤 다시 여인이 되지 않는다.
36	상수범행원(常修梵行願)	모든 부처님 세계 보살이	아미타불 명호 듣고 죽은 뒤 범행을 닦고 불도를 이룬다.
37	천인치경원(天人致敬願)	모든 부처님 세계 중생이	아미타불 명호 듣고 수행할 때 다른 세계 하늘과 사람이 공경한다.
38	의복수념원(衣服隨念願)	극락 중생은	원하는 대로 옷을 얻는다.
39	수락무염원(受樂無染願)		즐거움을 받고 번뇌가 없다.

40	견제불토원(見諸佛土願)	극락 보살은	원하는 대로 모든 불국토를 본다.
41	제근구족원(諸根具足願)	다른 국토 보살이 아미타불 명호 듣고	성불할 때까지 육근을 갖춘다.
42	주정공불원(住定供佛願)		삼매를 얻고 부처님께 공양할 때도 삼매를 놓치지 않는다.
43	생존귀가원(生尊貴家願)		죽은 뒤 존귀한 집에 태어난다.
44	구족덕본원(具足德本願)		모든 공덕을 갖춘다.
45	주정견불원(住定見佛願)		삼매를 얻고 모든 부처님을 본다.
46	수의문법원(隨意聞法願)	극락 보살은	원하는 대로 법문을 듣는다.
47	득불퇴전원(得不退轉願)		불퇴전에 이른다.
48	득삼법인원(得三法印願)		삼법인을 얻는다.

법장보살의 48대원과
극락 장엄

그 부처님 본래 세우신 원력으로
명호를 듣고 극락왕생하고자 하면
모두 다 그 국토에 이르게 되고
저절로 불퇴전의 지위에 도달하리라.

보살이 지극한 서원을 세워
자신의 국토를 극락처럼 하고자 하며
모든 중생 제도하는 마음을 내니,
그 이름 시방세계에 두루 떨치리.

『무량수경』

정토든 예토든 그곳에 살아가는 이를 정보(正報)라고 하고, 그들이 의지하는 국토를 의보(依報)라고 한다. 업이나 원에 의해 몸을 받은[보] 바로[정] 그 당사자를 정보라고 한다. 업이나 원에 의해 받은[보] 의지하는[의] 국토를 의보라 한다. 가령 예토의 경우, 지난 생의 업에 의해 바로 이 몸을 받았고[정보], 지난 생의 업에 의해 이 땅에 태어난다[의보]. 그런데 정토의 경우, 왕생하는 중생의 업도 중요하지만 무엇보다 부처님 본원력(本願力)의 도움이 매우 중요하다. 왕생자의 업보다는 불보살의 본원력에 의해 정보와 의보가 공덕으로 장엄된다.

따라서 아미타부처님의 48대원도 정보와 의보를 공덕으로 장엄하고자 하는 원으로 구성된다. 그 원에 의해 현재 서방극락세계는 뛰어난 공덕으로 장엄되어 있다.

이러한 관점과 맞물려 48대원은 문장으로는 일곱 부분으로 분류되지만 내용으로는 세 부분으로 분류된다. 문장으로는 순서대로 극락 중생, 아미타불, 극락 중생(성문, 중생), 아미타불, 극락 중생(중생, 보살), 극락 국토, 중생(중생, 여인, 보살) 등에 대한 원이다. 결국 그 내용은 아미타불, 극락, 중생 등 세 부분에 대한 원이다. 따라서 예부터 많은 스님들이 48대원을 내용상 세 부분으로 구분하였다.

스님마다 구분에 다소 차이가 있지만, 중국 정영사 혜원 스님(523~592)의 세 가지 분류법을 기본으로 한다. 그 세 가지는 무엇인가. 바로 섭법신원(攝法身願)[법신을 받는 원], 섭정토원(攝淨土願)[정토를 받는 원], 섭중생원(攝衆生願)[중생을 받는 원]이다. 신라 경흥스님은 각각 구불신원(求佛身願)[부처님 몸을 구하는 원], 구불토원(求佛土願)[불국토를 구하는 원], 이중생원(利衆生願)[중생을 이롭게 하는 원]이라고 하였다. 이러한 세 가지 분류에 따라 앞의 표에서도 구분하여 나타내었다.

섭법신원[=구불신원]은 법신에 대한 원이다. 보살이 부처님 몸의 공덕을 선택하고 받아들여 자신이 이룰 부처님 몸을 성취하고자 하는 원이다. 이때 법신이란 삼신불(법신불, 보신불, 화신불)의 법신이 아니라 공덕법을 성취한 불신을 말한다. 48원 가운데 제12원 광명무량원, 제13원 수명무량원, 제17원 제불칭양원이 해당한다.

섭정토원[=구불토원]은 정토에 대한 원이다. 보살이 성불한 뒤에 만들 정토를 모든 불국토의 뛰어난 공덕을 선택하여 갖추고자 하는 원이다. 48원 가운데 제31원 국토청정원, 제32원 국토엄식원이 해당한다. 섭중생원[=이중생원]은 중생에 대한 원이다. 보살이 성불한 뒤에 극락왕생한 중생뿐만 아니라 시방세계 모든 중생을 이롭게 하고자 하는 원이다. 앞에 언급된 5가지 원을 뺀 나머지 43가지 원이 해당한다.

이러한 세 가지 분류를 바탕으로 극락의 모습을 좀 더 자세히 살펴보자. 왜냐하면 법장보살은 부처님이 되었을 때 이러한 48대원이 이루어지지 않으면 결코 깨달음을 얻지 않는다고 하였는데, 법장보살은 이미 10겁 전에 성불하였다. 그러므로 48대원은 모두 이뤄졌다.

첫째, 아미타부처님에 대한 공덕장엄이다.

12 광명무량원(光明無量願): 아미타부처님은 광명이 무량하다.
13 수명무량원(壽命無量願): 아미타부처님은 수명이 무량하다.
17 제불칭양원(諸佛稱揚願): 아미타부처님의 명호를 헤아릴 수 없는 모든 부처님이 찬양한다.

둘째, 극락정토에 대한 공덕장엄이다.

31 국토청정원(國土清淨願) : 극락정토는 한없이 청정
   하다. 청정하여 맑은 거울로 얼굴을 비춰 보는 것처
   럼, 가히 생각할 수 없는 모든 부처님 세계를 다 비
   춰 본다.

32 국토엄식원(國土嚴飾願) : 극락정토의 장엄은 비교할
   수가 없다. 땅으로부터 허공에 이르기까지 궁전, 누
   각, 흐르는 물, 꽃, 나무 등 나라 안에 있는 모든 만
   물이 헤아릴 수 없는 보배와 백천 가지의 향기로 이
   루어지고, 장엄하고 기묘함은 모든 사람과 하늘을
   뛰어넘고, 그 향기는 널리 시방세계에 퍼지며, 그것
   을 맡는 보살은 부처님의 행을 닦는다.

셋째, 중생에 대한 공덕장엄이다. 여기에는 극락에 왕생
한 중생도 당연히 포함하지만, 아미타부처님의 가피를 받
은 시방 모든 부처님 세계의 중생도 포함한다. 가령 글에서
'극락 중생', '극락 성문', '극락 보살' 등은 극락에 왕생한
자이지만, '모든 중생'은 극락에 왕생하지는 않았지만 아미
타부처님의 명호 등을 듣고 가피를 받은 자도 있다. 그리고
경전에는 '극락에 있는 하늘과 사람[천인(天人)]'으로 되어
있는데 이 글에는 극락 중생으로 나타냈다.

〈왕생한 자에 관한 원〉

1 무삼악취원(無三惡趣願): 극락에는 삼악취(지옥, 아
  귀, 축생)가 없다.

2 불갱악취원(不更惡趣願): 극락 중생은 수명이 다한 뒤
  에 다시 삼악취에 떨어지지 않는다.

3 실개금색원(悉皆金色願): 극락 중생의 몸은 모두 진금
  색으로 금빛이 난다.

4 무유호추원(無有好醜願): 극락 중생은 그 모습에 잘나
  고 못난 이가 없다.

5 숙명지통원(宿命智通願): 극락 중생은 숙명통을 얻어
  옛 일을 알 수 있다.

6 천안지통원(天眼智通願): 극락 중생은 천안통을 얻어
  모든 부처님 세계를 볼 수 있다.

7 천이지통원(天耳智通願): 극락 중생은 천이통을 얻어
  모든 부처님의 말씀을 들을 수 있다.

8 타심지통원(他心智通願): 극락 중생은 타심통을 얻어
  모든 부처님 세계 중생의 마음을 알 수 있다.

9 신경지통원(神境智通願): 극락 중생은 신족통(神足
  通)을 얻어 한 생각에 모든 부처님 세계를 갈 수 있다.

10 속득누진원(速得漏盡願): 극락 중생은 모든 번뇌를

떠난 누진통을 얻어 자신의 몸에 집착하는 생각을 내지 않는다.

11 주정정취원(住正定聚願): 극락 중생은 정정취에 머물러 마침내 열반을 얻는다. 정정취는 반드시 성불할 수 있는 성품을 지닌 자다. 극락세계에는 성불할 소질이 없는 사정취(邪定聚)나 아직 성불이 결정되지 않는 부정취(不定聚)는 없다.

14 성문무수원(聲聞無數願): 극락의 성문(聲聞) 수는 한량이 없어서 삼천대천세계의 성문과 연각이 백천 겁 동안 세어도 알 수 없다.

15 권속장수원(眷屬長壽願): 극락 중생의 수명이 한량이 없다. 중생 제도를 위한 서원에 따라 자유로이 수명을 길거나 짧게 하는 경우는 제외한다.

16 무제불선원(無諸不善願): 극락 중생은 좋지 않은 일이나 나쁜 이름을 듣지 않는다.

21 삼십이상원(三十二相願): 극락 중생은 모두 32상을 갖춘다. 32상은 부처님과 전륜성왕이 갖출 수 있는 신체 특징이다.

22 필지보처원(必至補處願): 다른 불국토의 보살이 극락에 태어나면 반드시 일생보처에 이른다. 일생보처

는 현재 도솔천에 있는 미륵보살처럼 한 번 더 생을 받고 그곳에서 부처님이 되는 경지다. 물론 중생 제도를 서원하여 모든 불국토를 다니면서 수행하는 이는 제외한다.

23 공양제불원(供養諸佛願): 극락 보살은 부처님의 신통력을 입고서 한 끼 공양할 시간 동안 모든 부처님께 공양 올리기 위해 두루 헤아릴 수 없는 나유타의 모든 불국토에 이를 수 있다.

24 공구여의원(供具如意願): 극락 보살은 모든 부처님에게 공양 올릴 때 요구하는 공양물을 뜻대로 갖춘다.

25 설일체지원(說一切智願): 극락 보살은 모든 지혜를 연설할 수 있다.

26 나라연신원(那羅延身願): 극락 보살은 견고한 금강 나라연 몸을 얻는다. 나라연은 코끼리 백만 마리 힘을 가진 역사(力士)다.

27 소수엄정원(所須嚴淨願): 극락 중생이 가진 모든 물건은 맑고 찬란하게 빛나며, 모양이 빼어나고 지극히 미묘하여 천안통으로도 다 헤아릴 수 없다.

28 견도량수원(見道場樹願): 극락 보살을 비롯하여 공덕이 아무리 적은 이들까지도 도량의 나무가 한없이

빛나고 높이가 4백만 리나 되는 것을 알아본다.

29 득변재지원(得辯才智願): 극락 보살은 경과 법을 받
아 읽고 외우며 내용을 설명하는 데 변재의 지혜를
얻는다. 변재의 지혜는 사무애변(四無碍辯)[네 가지
걸림 없는 이해력과 표현력]을 말한다. 가르침에 정
통한 법무애변(法無碍辯), 가르침의 내용을 잘 아는
의무애변(義無碍辯), 여러 가지 언어에 능통한 사무
애변(事無碍辯), 중생을 위해 즐겁고 자유롭게 설하
는 요설무애변(樂說無碍辯)이다.

30 지변무궁원(智辯無窮願): 극락 보살은 지혜와 변재가
한량이 없다. 이때 지혜는 모든 것을 아는 일체지다.

38 의복수념원(衣服隨念願): 극락 중생이 옷을 원하면
바로 옷이 생겨 저절로 몸에 입혀진다. 바느질, 염색,
다듬이질, 세탁이 필요 없다.

39 수락무염원(受樂無染願): 극락 중생은 모든 번뇌가
없는 비구처럼 상쾌한 즐거움을 받는다.

40 견제불토원(見諸佛土願): 극락 보살은 보기 원하는
대로 모든 불국토를 마치 거울로 자기 얼굴을 보는
것처럼 낱낱이 비춰 본다.

46 수의문법원(隨意聞法願): 극락 보살은 원하는 뜻에

따라서 듣고자 하는 법문을 저절로 듣는다.

〈왕생하려고 하는 자에 관한 원〉

18 염불왕생원(念佛往生願): 모든 중생들이 지극한 마음으로 믿고 원해 극락에 태어나고자 내지 십념(十念)을 하면 극락에 태어난다. 오직 오역죄를 짓거나 정법을 비방한 이는 제외한다.

19 내영인접원(來迎引接願): 모든 중생이 보리심[깨닫고자 하는 마음]을 일으켜서 모든 공덕을 닦고, 지극한 마음으로 발원해서 임종 시에 극락에 태어나고자 원할 때, 아미타부처님은 대중에게 둘러싸여 그 사람 앞에 나타난다.

20 계념정생원(係念定生願): 모든 중생들이 아미타불 명호를 듣고 극락을 생각하며 모든 공덕의 근본을 심고, 지극한 마음으로 회향해서 극락에 태어나고자 하면 극락에 태어난다.

〈다른 국토 중생에 관한 원〉

33 촉광유연원(觸光柔軟願): 모든 중생이 아미타불의 광명을 입으면 몸과 마음이 부드러워 사람과 하늘을

초월한다.

34 문명득인원(聞名得忍願): 모든 중생이 아미타불의
   이름을 듣고서 보살의 무생법인과 심오한 총지[다라
   니]를 얻는다.

35 여인왕생원(女人往生願): 모든 여인들이 아미타불의
   이름을 듣고서 환희심을 내어 믿고 원해 보리심을 일
   으켜 여자의 몸을 싫어하면 목숨을 마친 후 다시 여
   인이 되지 않는다.

36 상수범행원(常修梵行願): 모든 보살이 아미타불의
   이름을 듣고서 목숨을 마친 후 항상 청정한 수행을
   해서 불도를 이룬다.

37 천인치경원(天人致敬願): 모든 중생이 아미타불의
   이름을 듣고서 오체투지하여 부처님께 예배하고 환
   희심으로 믿고 원하여 보살행을 닦을 때, 모든 하늘
   이나 사람들이 그들을 공경한다.

41 제근구족원(諸根具足願): 다른 국토의 보살이 아미
   타불의 이름을 듣고서 부처님이 될 때까지 부족한 점
   이 없이 육근을 원만하게 갖춘다. 육근은 안이비설신
   의를 말한다.

42 주정공불원(住定供佛願): 다른 국토의 보살이 아미

타불의 이름을 듣고서 다 청정한 해탈삼매를 얻으며,
이 삼매에 머물러서 한 생각 동안에 모든 부처님을
공양하더라도 삼매를 잃지 않는다.

43 생존귀가원(生尊貴家願): 다른 국토의 보살이 아미
타불의 이름을 듣고서 목숨을 마친 후 존귀한 집에
태어난다.

44 구족덕본원(具足德本願): 다른 국토의 보살이 아미
타불의 이름을 듣고서 기뻐하여 보살의 행을 닦고 공
덕의 근원을 갖춘다.

45 주정견불원(住定見佛願): 다른 국토의 보살이 아미
타불의 이름을 듣고서 모든 부처님을 두루 뵐 수 있
는 삼매를 얻으며, 이 삼매에 머물러서 성불할 때까
지 언제나 모든 부처님을 뵙는다.

47 득불퇴전원(得不退轉願): 다른 국토의 보살이 아미
타불의 이름을 듣고서 곧 불퇴전에 이른다. 불퇴전은
보리심에서 물러나지 않는 경지다.

48 득삼법인원(得三法印願): 다른 국토의 보살이 아미
타불의 이름을 듣고서 곧 제1음향인, 제2유순인, 제
3무생법인을 얻고, 모든 불법 중에서 불퇴전을 얻는
다. 가르침을 듣고 깨달아 항상 마음이 편안한 음향

인, 진리에 순응하여 법대로 행하는 유순인, 모든 법의 실상을 깨닫는 무생법인을 삼법인이라고 한다.

위에서 정리한 〈다른 국토 중생에 관한 원〉을 보면, 아미타신앙은 내세신앙에 한정되지 않는다. 아미타신앙은 바로 현세신앙이기도 하다.

법장보살, 아미타부처님이 되다 : 아미타부처님의 명호 뜻

"사리불이여, 그대는 어떻게 생각하는가? 그 부처님을 어째서 아미타라 이름하는 줄 아는가? 사리불이여, 그 부처님의 광명이 한량없어 시방세계를 두루 비추어도 조금도 걸림이 없기 때문에 아미타라 이름한다. 사리불이여, 또 그 부처님의 수명과 그 나라 인민의 수명이 한량없고 끝이 없는 아승지겁이므로 아미타라 한다. 사리불이여, 아미타부처님께서 부처님이 된 지는 10겁이 지났다."

『아미타경』

법장보살은 헤아릴 수 없는 영겁 동안 수행하여 마침내

부처님이 되었다. 법장보살의 성불은 지금으로부터 10겁 전의 일이다. 그 부처님은 우리가 너무도 잘 알고 있는 아미타부처님이다.

우선 '10겁'에 대해 알아보자. 이 숫자는 겁수를 계산하여 시간을 정한 것이 아니라, 단지 어마어마한 숫자에 불과할 뿐, 먼 과거에 이미 부처님이 되어 오늘에 이르렀다는 의미로 받아들인다. 그리고 무엇보다 불교에서는 10이라는 숫자를 원만수로 본다. 특히 『화엄경』에서 10지보살, 10바라밀 등등 10이라는 숫자가 원만수로 자주 등장한다. 따라서 10겁은 단지 9겁보다 길고 11겁보다 짧다는 의미가 아니라 한없이 긴 겁, 영원한 것을 말한다. 영원한 겁 속에 현재가 들어가 있다. 다시 말하면 아미타부처님은 10겁 전에 성불하여 현재 지금도 중생 구제를 위해 법을 설하고 있다.

다음 '아미타'의 의미를 살펴보자. 위 경전에서 부처님은 '왜 아미타라고 하는가.'라고 묻고 스스로 말씀해주신다. '부처님의 광명이 한량없기 때문이고, 부처님의 수명과 그 나라 인민의 수명이 한량없기 때문이다.'라고.

아미타부처님의 '아미타'를 범어(산스크리트)로 나타내면, 아미타유스(Amitāyus) 또는 아미타바(Amitābha)가 된다. 아미타유스는 '한량없는 수명(壽命)'을 의미하고, 아미타바는 '한량없는 광명(光明)'을 의미한다. 그래서 '아미타불'을 무량수불(無量壽佛) 또는 무량광불(無量光佛)이라고 부른다.

이러한 무량광명과 무량수명은『무량수경』법장보살의 48대원 가운데 불신(佛身)과 관련된 제12원, 제13원 그리고 극락 중생의 수명과 관련된 제15원에 나타난다.

12

제가 부처님이 될 때, 광명이 한계가 있어 백천 나유타의 모든 불국토를 비출 수 없다면 저는 깨달음을 이루지 않겠습니다.

13

제가 부처님이 될 때, 수명에 한계가 있어 백천억 나유타 겁에 이른다면 저는 깨달음을 이루지 않겠습니다.

15

제가 부처님이 될 때, 그 나라 사람과 하늘의 수명이 능히 한량이 없습니다. 다만 중생을 제도하기 위한 서원에 따라 수명을 길거나 짧게 자유로이 하는 경우는 제외합니다. 만약 이렇게 되지 않는다면 저는 깨달음을 이루지 않겠습니다.

이러한 대원으로 부처님이 되셨으니, 그 대원은 다 이뤄졌다. 따라서 『무량수경』에서는 아미타부처님의 무량광명과 무량수명을 다음과 같이 찬탄한다.

〈무량광명〉
부처님께서 아난에게 말씀하셨다.
"무량수불의 위신력 가득한 광명은 가장 높고 뛰어나서 모든 부처님의 광명이 능히 미치지 못한다. 혹은 부처님의 광명은 백천 부처님의 세계를 비추고, 간략히 말하면 곧 동쪽으로 갠지스강의 모래알처럼 많은 국토를 비추고, 남방·서방·북방과 동남·서남·서북·동북과 위·아래도 이와 같다. 혹은 부처님의 광명은 일곱 자를 비추고 혹은 1유순, 2유순, 3유순, 4유순, 5유순을 비추고, 이와 같이 점점 더해져 한 부처님 세계를 비춘다. 그러므로 무량수불은 무량광불, 부변광불, 무애광불, 무대광불, 염왕광불, 청정광불, 환희광불, 지혜광불, 부단광불, 난사광불, 무칭광불, 초일월광불이라고 부른다.
어떤 중생이 이 광명을 만나면, 세 가지 때가 소멸되고 몸과 마음이 부드럽고 상냥하며 기쁨이 넘치고 착한 마음이 우러난다. 만약 삼악도의 고통 속에서 이 광명을 보면 모두 휴식을 얻어 다시는 괴로움이 없고 목숨이 마친 뒤에 모두 해탈을 얻는다.

무량수불의 광명은 찬란하여 시방세계 모든 불국토를 비추고 그 명성이 들리지 않는 곳이 없다. 다만 나만이 그 광명을 찬탄한 것이 아니고 일체 모든 부처님, 성문, 연각, 모든 보살들이 다함께 찬탄하는 것도 이와 같다. 만약 중생이 그 광명의 위신력과 공덕을 듣고 밤낮으로 찬탄하는데 지극한 마음이 끊어지지 않으면 원하는 뜻에 따라서 그 국토에 태어나게 되며, 모든 보살과 성문 대중들이 그를 위하여 찬탄하고 그 공덕을 칭찬한다. 그런 후 장차 불도를 얻을 때에는 널리 시방세계의 모든 부처님과 보살들이 찬탄함도 또한 지금과 같다."

부처님께서 말씀하셨다.

"내가 무량수불의 광명과 위신력이 위대하고 미묘함을 밤낮으로 1겁 동안 설해도 오히려 다할 수가 없다."

〈무량수명〉

부처님께서 아난에게 말씀하셨다.

"무량수불의 수명은 길어서 가히 헤아릴 수가 없는데, 네가 어찌 알겠는가? 가령 시방세계의 한량없는 중생들이 모두 사람의 몸을 얻고 다 성문과 연각을 이루어서 모두 함께 모여 고요하게 한 마음으로 그들의 지혜를 모아 백천만 겁 동안 모두 함께 계산하면서 그 수명을 세어보아도 그 한계를 다 알 수 없다. 성문, 보살, 하늘과 사람들의 수명도 이와 같아서 계산이나 비유로도 능히 알 수가 없다.…."

『무량수경』

그런데 『화엄경』의 비로자나부처님도 광명의 부처님 혹은 무한한 생명의 부처님으로 언급된다. 따라서 아미타유스[한량없는 수명], 아미타바[한량없는 광명], 이 두 가지 명호는 고통 속에서 허덕이는 사람들이 부처님의 보편적인 공덕을 구원의 빛과 생명의 빛으로 특수화한 것이라고 해석한다.

생명이 빛이고 빛이 생명이다. 서방정토 교주이신 아미타부처님은 한량없는 생명과 한량없는 광명을 지니고 언제나 중생을 살펴보고 계시는 대자대비의 부처님이다. 이에 아미타부처님을 모신 법당을 극락전, 미타전, 무량수전(無量壽殿), 수광전(壽光殿)이라고 한다.

아미타부처님과 관세음보살·
대세지보살의 인연

부처님께서 아난에게 말씀하셨다.

"…저 불국토 가운데 성문들은 그 몸에서 발하는 광명이 한 길이며, 보살의 광명은 1백 유순을 비춘다. 두 보살이 가장 존귀하고 으뜸가는데, 위신력의 광명은 두루 삼천대천세계를 비춘다."

아난이 부처님께 여쭈었다.

"그 두 보살의 이름은 무엇입니까?"

부처님께서 말씀하셨다.

"한 보살은 관세음보살이고, 또 한 보살은 대세지보살이라 이름한다. 이 두 보살이 이 국토에서 보살의 행을 닦고 목숨이 다하자 몸을 바꾸어 저 세계에 태어났다.…."

『무량수경』

극락전에는 본존불인 아미타부처님을 좌우로 관세음보
살과 대세지보살이 함께한다. 관세음보살의 보관에는 부처
님 모습이 있고, 대세지보살의 보관에는 보병(보배병)이 있
다. 바로 서방극락세계에 계신 삼존불을 법당 안에 그 모습
그대로 모셨다.

『관무량수경』에서도 위제희왕비 앞에 아미타부처님은
관세음보살, 대세지보살과 함께 나타나신다. 정토를 살피
는 관법에도 등장한다.

"관세음보살 및 대세지보살은 어디서나 똑같은 모습이
다. 중생이 단지 머리 모습(보관에 부처님, 보병)만 보고도
이분은 관세음보살, 이분은 대세지보살이라고 안다. 이 두
보살은 아미타불을 도와서 두루 모든 중생을 교화한다."

『관무량수경』

그런데 아미타부처님과 두 보살은 전생에 여러 깊은 인
연이 있다. 한두 생의 인연이 아니다. 부모와 자식 간의 인

연도 여럿 있다.

『비화경』에 등장하는 인연이다.

과거 선지겁(善持劫)의 산제람 세계에 무쟁념왕(無諍念王)의 신하 보해에게 보장(寶藏)이라는 아들이 있었다. 보장은 출가·성도하여 보장여래라 하였다. 보장여래는 무쟁념왕과 왕자들에게 먼 미래에 부처님이 되리라고 수기하였다. 즉 왕은 서방 백천만억 불국토를 지난 서방세계의 존음왕여래가 열반한 후 안락세계 가운데 무량수여래가 되고, 제1태자인 불순은 관세음보살로서 무량수불이 반열반(般涅槃)한 후 변출일체광명공덕산왕여래(遍出一切光明功德山王如來)가 되고, 제2태자인 니마는 득대세[=대세지]보살로서 선주진보산왕여래(善住珍寶山王如來)가 되고, 그 밖의 왕자들도 수기를 받았다. 수기(授記)란 언제 부처님이 된다고 기별을 준다는 뜻이다.

이와 같이 『비화경』에 따르면, 무쟁념왕이 이후 아미타부처님이 되고, 제1태자가 이후 관세음보살, 제2태자가 대세지보살이 된다. 아미타부처님을 이어 두 보살은 각각 부처님이 된다.

『관세음보살왕생정토본연경』의 인연 이야기는 널리 알려진 내용이다.

과거 먼 옛날 남인도에 마열타질이라는 나라가 있었다. 그 나라에는 장나 장자와 마나사라 부인이 살고 있었다. 그 부부는 풍요로운 생활을 하였지만 아직 자식이 없었다. 간절한 기도 끝에 첫 아이를 낳았다. 그리고 3년 뒤 둘째 아이를 낳았다. 부부는 관상가에게 두 아이를 보였다. 관상가는 말하였다. "이 두 아이는 비록 단정하지만 오래지 않아 부모와 이별합니다. 형은 조리(早離)라 이름하고, 동생은 속리(速離)라 이름하세요."

조리가 일곱 살이 되었을 때 부인은 병으로 죽음에 이르게 되었다. 부인은 아이들에게 말하였다.

"세상일이 그러하다. 생겨난 것은 사라진다. 도(道)에 이르는 것에는 보리심을 내는 것보다 뛰어난 것은 없다. 보리심은 대비다."

부인이 죽자 장자는 슬픔 속에 시간을 보냈다. 이후 장자는 혼자 아이들을 키울 자신이 도저히 없어 새 부인을 맞이하였다. 그런데 가뭄이 들어 생계가 힘들었다. 장자는 북쪽 단나라산으로 7일을 기약하고 먹을 음식을 구하러 떠났다. 부인은 생모처럼 아이들을 잘 키웠다. 그런데 14일이 지나도 장자는 돌아오지 않았다. 그때 부인은 딴 생각을 품었다. '혼자 키울 힘도 없고, 남편이 돌아오면 아이들만 챙길

것이다. 아이들을 버리자.'

부인은 아이들에게 말하였다. "섬에 먹을 것이 많으니 섬에 가서 살자." 이렇게 아이들과 함께 섬으로 떠났다. 섬에 도착하자 그녀는 말했다. "먼저 내려 놀고 있어라. 나는 배에서 음식을 준비하마." 아이들은 배에서 내려 신나게 놀았다. 그사이 부인은 몰래 배를 타고 집으로 돌아갔다. 신나게 놀던 아이가 배 있는 곳으로 오니 배는 보이지 않았다. 어머니가 돌아간 걸 모른 채 아이들은 어머니를 부르며 찾았다. 그러나 대답이 없었다. 두 아이는 하루 밤낮을 울었다. 형 조리가 상황을 파악하고 말하였다.

"나는 모름지기 보리심을 내리라. 보살의 대비를 이루고 해탈문을 닦아 먼저 다른 사람을 제도하고 그 뒤에 성불하리라. 원컨대 나는 어머니가 태어나는 곳에 따라 태어나고 아버지가 태어나는 곳에 따라 태어나서 이별하지 않으리라."

그 뒤 장자가 돌아와 아이들을 찾아 섬에 오니 아이들의 뼈만 한 곳에 쌓여 있었다. 장자는 울부짖으며 발원하였다.

"원컨대 나는 모든 악한 중생을 제도하고 빨리 불도를 이루리라. (오백 가지 원을 세웠다.) 원컨대 나는 항상 사바세계에서 법을 설하여 교화하리라."

장자는 음식을 먹지 않고 마침내 목숨이 다하였다.

이때 장나 장자는 지금의 석가모니여래이고, 어머니 마나사라는 서방 아미타여래이고, 형 조리는 관세음보살이고, 동생 속리는 대세지보살이다. 단나라산은 영축산이고, 외딴섬은 보타낙가산이다.

혹 극락전에 대세지보살 대신에 지장보살을 모신 경우도 있다. 지장보살 또한 명부[저승]에서 우리 중생을 구제하는 역할을 한다. 즉 내세신앙의 측면이 있다. 아미타신앙 역시 대표적인 내세신앙이다. 이러한 내세신앙의 공통점 때문에 극락전에 대세지보살 대신에 지장보살이 자리하는 경우가 종종 있다. 경전에 의거하면 서방극락세계와 지장보살은 직접적인 연관은 없다. 그러나 경전 내용은 중생의 요구에 따라 재해석되어 신앙의 내용을 채우기도 한다.

아미타부처님과 두 보살에게 몇 겁의 인연이 있는 것처럼, 이 순간 아미타부처님을 생각하는 우리도 어마어마한 인연이 있었음에 틀림없다.

아미타부처님과
보현보살의 행원

나는 이와 같이 들었다.

어느 때 부처님께서 왕사성의 기사굴산에 대비구 1만 2천 명과 함께 머무셨다. 그들 모두 신통과 지혜를 얻은 성인들이었다. 그 이름은 요본제존자, …, 아난존자이다. 이들은 으뜸[상수(上首)]이 되는 자다.

또 대승의 보살 대중들도 함께 있었다. 곧 보현보살·묘덕보살·자씨보살 등으로서 이 현겁 중의 모든 보살들이다. 또 현호 등 열여섯 명의 보살, 선사의보살, …등이다. 모두 보현보살의 덕을 존경하여 여러 보살들의 무량한 서원과 행을 구족하여 일체 공덕의 법에 안주하였다.

『무량수경』

『무량수경』 첫 부분이다. 경전 첫 부분에는 법회에 참석한 대중들이 언급된다. 『무량수경』에도 역시 석가모니부처님께서 왕사성 기사굴산[=영축산]에서 설법하실 때 함께한 많은 대중이 언급된다. 대비구 1만 2천 명 그리고 보현보살을 비롯한 많은 보살이다.

그런데 그 많은 보살이 모두 보현보살의 덕을 존경하고, 무량한 서원과 행을 갖춘다. '보현보살의 덕'이 부각되는 부분이다. 그리고 법장보살의 48대원 가운데 제22원에도 '보현보살의 덕'이 등장한다.

"다른 불국토의 보살들이 저의 국토에 태어나면 반드시 일생보처에 이르게 될 것입니다. 서원을 따라 자유로이 변하여 중생을 위해서 큰 서원을 세워 공덕을 쌓아 모든 중생을 제도하고, 모든 불국토에 다니면서 보살의 행을 닦으며, 시방세계의 모든 부처님께 공양하고, 항하의 모래와 같이 무량한 중생을 제도하며 위없이 바르고 참된 도를 세우게 하려는 이는 제외합니다. 점차로 오르는 모든 지위의 행을 초월해 바로 보현보살의 덕을 닦게 할 것입니다."

'보현보살의 덕'이란 바로 보현보살의 10대 행원을 말한다. 그것은 부처님의 공덕을 이루기 위해 보현보살이 설한 열 가지 큰 행원(行願)이다.

첫째, 부처님께 예배하고 공경한다.

　　예경제불원(禮敬諸佛願)

둘째, 부처님을 찬탄한다.

　　칭찬여래원(稱讚如來願)

셋째, 여러 가지로 공양한다.

　　광수공양원(廣修供養願)

넷째, 업장을 참회한다.

　　참회업장원(懺悔業障願)

다섯째, 남이 짓는 공덕을 같이 기뻐한다.

　　수희공덕원(隨喜功德願)

여섯째, 설법해주기를 청한다.

　　청전법륜원(請轉法輪願)

일곱째, 부처님이 이 세상에 오래 계시길 청한다.

　　청불주세원(請佛住世願)

여덟째, 항상 부처님을 본받아 배운다.

상수불학원(常隨佛學願)

아홉째, 항상 중생을 수순한다.

항순중생원(恒順衆生願)

열째, 지은 바 모든 공덕을 널리 회향한다.

보개회향원(普皆廻向願)

『40화엄경』「보현행원품」

이러한 보현보살의 10대 행원은 불보살의 원 가운데 으뜸이라 하여 원왕(願王)이라고 한다. 이 원왕을 한 번 들은 공덕은 헤아릴 수 없는 중생과 불보살님께 공양한 공덕보다 뛰어나다. 그리고 이 원왕을 받아 지니거나 읽고 외우거나 베껴 쓴다면, 모든 악업을 없앨 수 있다. 모두 불보살님이 칭찬하고 모든 중생이 예경하고 공양한다. 천상이나 인간에 태어나면 항상 좋은 집안에 태어난다. 무엇보다 목숨이 다할 때 친족, 권력, 재산 등 모든 것이 사라질지라도 이 원왕은 남아서 한 찰나 가운데 극락세계에 왕생한다. 그곳에서 아미타부처님을 비롯하여 문수보살, 보현보살, 관자재보살, 미륵보살 등을 뵙게 된다. 극락에서 수기를 받고서 헤아릴 수 없는 세계에서 미래겁이 다하도록 널리 모든 중생을 이익 되게 한다. 따라서 원왕을 지닌 이의 복덕은 한량없고 끝이 없으며, 번뇌의 고해에서 중생을 건져내어 모두 벗어나게 하며, 모두 아미타부처님의 극락세계에 왕생하게 된다.

이처럼 보현보살의 행원은 자연스럽게 극락왕생과 연결된다. 보현보살은 게송으로 거듭 설한다.

원컨대 저의 목숨 마치려 할 때
일체 모든 장애를 모두 없애고
아미타부처님을 친견하고서
곧바로 안락국토 왕생하기를.
…
이러한 보현보살 수승한 행의
한량없는 수승한 복 모두 회향해
고해에 빠져 있는 모든 중생들
아미타불 국토에 빨리 가소서.

『화엄경』「보현행원품」

이러한 「보현행원품」의 내용은 『화엄경』의 중심 부처님인 청정법신 비로자나부처님께서 아미타부처님으로 출현하실 수 있는 사상적 배경이 된다. 간단하게 설명하면, 진리 그 자체[진여(眞如)]인 비로자나부처님의 모습으로 중생들에게 나타날 수 없다. 진여 그 자체는 말로 표현할 수 없고 모습으로 나타낼 수 없기 때문이다. 따라서 중생들에게 나타내 보일 수 있는 아미타부처님으로 나투어 중생들을 제도하신다. 화엄종 사찰이었던 영주 부석사의 경우, 중심 법당[무량수전]에 비로자나부처님이 아니라 아미타부처님이 주불로 자리하고 있다.

참고로 법장보살 48대원 가운데 제22원을 해석하는 데 두 가지 경우가 있다. 두 해석 모두 의미가 있다.

가) "서원을 따라 … 위없이 바르고 참된 도를 세우게 하려는 이는 제외합니다. 점차로 오르는 모든 지위의 행을 초월해 바로 보현보살의 덕을 닦게 할 것입니다."

나) "서원에 따라 … 위없이 바르고 참된 도를 세우게 하고자 하여, 점차로 오르는 모든 지위의 행을 초월해 바로 보현보살의 덕을 닦으려 하는 이는 제외합니다."

가)의 해석은, 보현보살의 덕을 일생보처보살의 덕으로 본다. 또한 '모든 지위의 행을 초월'했다는 데 주목한다. 따라서 극락에 태어난 보살을 '점차로 오르는 모든 지위의 행을 초월해 바로 보현보살의 덕을 닦게' 하여 일생보처보살이 되게 한다.

나)의 해석은, 보현보살의 덕을 중생 구제를 위한 덕으로 본다. 따라서 보현보살이 미래세가 다하도록 중생 구제를 발원하였듯이, 중생 구제를 발원하여 '… 점차로 오르는 모든 지위의 행을 초월해 바로 보현보살의 덕을 닦으려는' 보살은 일생보처원에서 제외한다.

보신불인 아미타불,
화신불인 아미타불

"상품하생이란 … 수행자가 목숨이 다하려 할 때, 아미
타불께서는 관세음보살, 대세지보살 등 모든 권속과 함
께 금련화를 가지고 오백의 화신불[화불(化佛)]로 나투
어 이 사람을 영접하신다. 오백 화신불은 일시에 손을
내밀어 칭찬하여 말씀하신다."

『관무량수경』

"그 중배란 … 그 사람의 임종 시에 무량수불이 그 몸
을 화현으로 나투신다. 광명과 상호가 진불(眞佛)과 같
으며, 모든 대중과 함께 그 사람 앞에 나타나신다. 그리
고 그 화현하신 부처님을 따라서 저 국토에 왕생해 불

퇴전의 자리에 머물게 된다. 지혜와 공덕은 상배의 다음 간다."

『무량수경』

극락왕생자는 그 수행 공덕에 따라 목숨이 다할 때 눈앞에 펼쳐지는 상황이 다르다. 상품의 경우 아미타부처님께서 직접 나타나시기도 하고, 중품의 경우 화신불로 나타나시기도 하고, 하품의 경우에는 나타나지 않으신다. 이때 화신불은 분신의 의미다.

그런데 진불(眞佛)인 아미타부처님을 화신불로 보는가, 보신불로 보는가 하는 의견이 예부터 분분했다. 화신불, 보신불, 이것이 무슨 말인가? 여기서 잠시 삼신불에 대해 알아보자.

독송할 때 가끔 '청정법신 비로자나불, 원만보신 노사나불, 천백억화신 석가모니불'이라고 읊조린다. 법신(法身), 보신(報身), 화신(化身)을 삼신불(三身佛)이라고 한다.

법신은 진리 그 자체[법(法)]를 부처님으로 한다. 진리 그 자체의 부처님이다. 보신은 수행을 통해 부처님이 되었을 때 수행자의 입장에서 그 부처님을 보신이라고 한다. 수행의 결과로 부처님 몸을 받았다[보(報)]는 말이다. 그러한 보신부처님은 법신부처님의 공덕을 그대로 드러낸 부처님이다. 보신부처님이 법신부처님의 공덕을 드러내지만 보신부처님을 볼 수 없는 중생이 있다. 그 중생을 제도하기 위해 그렇게 몸을 나투신[화(化)] 부처님이 화신이다. 화신불을 응신불이라 하기도 한다. 중생에 응하여 나타나신 부처님이다.

따라서 진리 그 자체인 법신부처님은 번뇌 망상이라고는 티끌만큼도 없다. 청정한 진리 그 자체[진여]이기 때문에 청정법신이다. 보신부처님은 수행을 통해 부처님이 되었으니, 부처님의 공덕을 하나도 빠짐없이 원만하게 갖춘다. 그래서 원만보신이다. 보신은 법신부처님의 공덕을 그대로 드러낸 부처님이다. 그러나 보신부처님을 볼 수 없는 중생이 있다. 따라서 화신부처님은 그러한 중생을 제도하기 위해 다양한 모습을 나타낸다. 그런데 중생의 근기, 이해와 요구가 다양하기 때문에 한두 분의 부처님으로 제도하기 힘들다. 수많은 부처님으로 나타나야 한다. 그래서 천백억화신이다.

그렇다면 극락에 계신 아미타부처님은 보신불인가, 화신불[응신불]인가. 이에 따라 아미타부처님이 계신 정토도 보토(報土), 응토(應土)로 구분된다. 예부터 보신불이라고 주장하는 분도 있었고, 화신불이라고 주장하는 분도 있었다. 법장보살의 수행 결과로 부처님이 되신 분이기에 보신이라고 보는 견해가 있고, 본래 부처님이었던 아미타부처님이 중생들을 위해 그렇게 나투시기 때문에 화신불이라고 하는 분도 있다. 각기 삼신불에 대한 견해가 다르고, 경전내용에 대한 해석이 다르기 때문이다. 여기서는 다른 견해를 자세히 언급하기보다는 삼신불과 관련하여 간단하게 살펴보기로 한다.

법신, 보신, 화신은 별도의 부처님이 아니다. 한 부처님을 어떤 측면에서 보는가에 따라 법신, 보신, 화신이 된다. 아미타부처님을 예로 하여 살펴보자. 법장보살이 깨달음을 얻었을 때 진리와 하나가 되었다는 측면에서는 법신불이다. 법장보살의 입장에서 볼 때 수행의 결과로 부처님이 되었으니, 보신불이다. 우리 중생의 입장에서 볼 때 우리를 제도하기 위해 그렇게 오신 모습을 보여주셨으니 화신불이다. 말하자면 어떤 측면에서 보는가에 따라 법신, 보신, 화신이 된다. 그렇다면 나에게 보이는 아미타부처님은 화신불이 된다.

한편, 『대승기신론』에는 어느 정도 수행 계위가 된 보살

[초발의보살(십주) 이상]의 마음에 보이는 부처님을 보신이라 한다. 그 경지에 이르지 못한 범부에게 보이는 부처님을 응신[화신불]이라 한다. 그렇다면 극락에 계신 아미타부처님은?『대승기신론』의 견해에 따르면 왕생자의 위치에 따라 보신일 수도 있고, 화신일 수도 있다.

따라서 법장보살의 수행 결과를 중심으로 보면 아미타부처님은 그 결과로 부처님이 되었으니 보신불이다. 그 수행의 결과로 부처님의 공덕과 정토의 공덕을 장엄하였다. 한편 아미타부처님은 중생을 제도하기 위해 그렇게 우리에게 나타났으니 화신불이다. 한 걸음 더 나아가 그 옛날 성불하셨던 아미타부처님이 중생제도를 위해 법장보살을 비롯한 여러 수행자의 모습을 보이고 결국 극락을 장엄하였다. 따라서 화신불이다.

보신불이든, 화신불이든, 보토이든, 응토이든 결국 중생을 위한 법장보살의 원력으로 장엄된 아미타부처님이자 정토라는 점에서 다르지 않다.

제 4 장

극락왕생을 위한 수행법

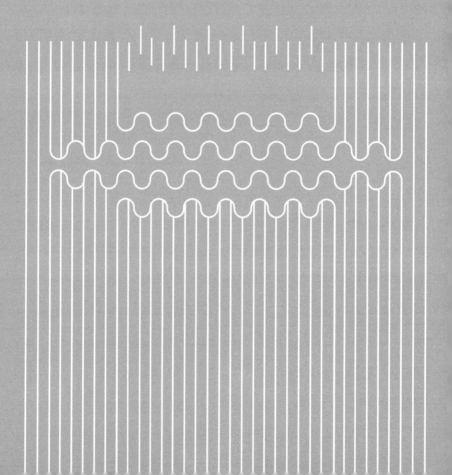

극락왕생을
믿음으로 발원하라

"사리불이여, 내가 지금 아미타부처님의 불가사의한 공덕을 찬탄하는 것처럼 동방에 계신 아촉비불, 수미상불, 대수미불, 수미광불, 묘음광불 등 이러한 갠지스강의 모래 수만큼 많은 부처님이 …. 남방세계에 계신 일월등불, 명문광불, 대염견불, 수미등불, 무량정진불, …. 서방세계에 계신 무량수불, 무량상불, 무량당불, 대광불, 대명불, 실상불, 정광불, …. 북방세계에 계신 염견불, 최승음불, 난저불, 일생불, 망명불 등 이러한 갠지스강의 모래 수만큼 많은 부처님이 각각 그 국토에서 삼천대천세계를 두루 미치는 장광설로써 정성스럽고 참된 말씀을 하신다.

'너희 중생들이여, 모든 부처님께서 지켜주시고, 불가사의한 공덕을 칭찬하는 이 경을 믿어라.'"

『아미타경』

『아미타경』에서는 석가모니부처님께서 극락세계의 공덕장엄을 설명하시고, 중생들에게 극락왕생 발원을 권하신다. 그리고 동방, 남방, 서방, 북방 등 헤아릴 수 없는 부처님께서 이러한『아미타경』의 말씀을 찬탄하시면서 이 경전에 대한 믿음을 강조하신다. 이어서 다음과 같이 석가모니부처님 또한 믿음을 강조하시며 아미타부처님의 극락세계에 왕생하기를 발원하도록 중생들에게 거듭 권하신다.

"사리불이여, 만약 어떤 사람이 아미타부처님의 국토에 태어나고자 이미 발원하였거나 지금 발원하거나 앞으로 발원한다면, 그들은 모두 아뇩다라삼약삼보리에서 물러나지 않고 혹은 이미 태어났거나 혹은 지금 태어나거나 혹은 앞으로 태어난다. 그러므로 사리불이여, 선남자 선여인이 만약 믿는다면 응당 그 국토에 태어나기를 발원해야 한다."

『아미타경』

믿음!

무릇 극락왕생을 발원하는 데 그 기본 마음은 믿음이다. 극락과 극락왕생 그리고 아미타부처님에 대한 믿음이 없는데, 어떻게 발원이 가능하겠는가.

"왕생의 인(因)은 정보[극락에 왕생하는 자]의 장엄만을 보답 받는 것뿐만 아니라 의보[극락 국토]의 장엄도 보답 받는다. 그런데 단지 부처님의 본원력 때문에 보답을 받는 것이지 스스로의 업력에 의해 이뤄진 것이 아니다."

『무량수경종요』(원효스님 저)

우리가 극락에 태어나고 극락의 모습을 누릴 수 있는 것은 우리의 업력에 의한 것이 아니라 부처님의 본원력 때문이다. 물론 왕생하고자 하는 우리의 발원이 있어야겠지만 그 극락세계의 장엄 공덕은 아미타부처님의 본원력 때문이다. 그 본원에는 '극락왕생하고자 하는 이는 극락왕생할 수 있다.'는 원도 포함되어 있다. 극락왕생 발원은 그러한 아미타부처님의 본원력에 대한 믿음이다.

이후 자세히 살펴보겠지만, 『관무량수경』에는 극락왕생을 위해 세 가지 마음을 강조한다. 지성심(至誠心), 심심

(深心), 회향발원심(回向發願心)이다. 이때 심심을 믿음으로 풀이한다. 그 믿음은 자신이 번뇌에 빠진 범부임을 자각하는 믿음이며, 아미타불 명호를 통해 극락왕생할 수 있다는 믿음이다.

『무량수경』에는 태생인 극락중생을 언급한다. 그들은 아미타부처님의 지혜에 의혹을 품고, 오직 자기 힘으로 공덕을 닦아 극락세계에 태어나고자 원을 세운 사람들이다. 극락왕생을 발원하였지만 부처님의 지혜와 가피에 대한 믿음이 없는 까닭에 극락 변두리에 태생으로 태어나서 아미타부처님을 오랫동안 친견하지 못한다.

믿음은 믿음 그 이상의 공덕이 있다. 선근이나 복덕의 인연은 믿음으로부터 나온다.

"신심은 도의 근본, 공덕의 어머니
일체의 선한 법을 길러내오며
의심의 그물 끊고 애정 벗어나
열반의 위없는 도 열어 보이네."

『80화엄경』

예부터 스님들은 경전을 근거로 극락왕생을 위한 여러

조건을 이야기한다. 발보리심, 염불, 삼복(三福), 삼심(三心) 등. 그런데 이 모든 것의 바탕은 믿음이고, 믿음을 바탕으로 한 발원이다. 진실한 믿음을 토대로 한 간절한 발원에는 언급한 여러 조건이 일시에 갖춰진다고 본다.

부처님께서는 나태한 중생들을 위해서는 삼아승지겁 동안 수행하여야 도를 이룰 수 있다고 말씀하시고, 지레 겁먹은 중생을 위해서는 한 순간에 모든 것을 이룬다고 말씀하신다. 이 모든 말씀이 방편교설이다.

어느 말씀이 지금 내 자신에게 해당하는지 우둔한 중생으로서는 알기 어려울 수도 있다. 그러나 지금 현재 자신에게 와 닿는 말씀을 믿고 정진해나간다면, 분명히 상상 그 이상의 결과가 우리 눈앞에 펼쳐지리라. 『법화경』「비유품」에, 아버지가 불타는 집에서 정신없이 노는 아이들을 구하고자 "애들아, 여기 재미있는 장난감이 있다. 양이 끄는 수레, 사슴이 끄는 수레, 소가 끄는 수레가 있으니 모두들 어서 밖으로 나오너라." 하고 밖으로 불러낸 뒤, 큰 흰 소가 끄는 수레를 준 것처럼 말이다.

극락왕생 발원은
발보리심이다

"사리불이여, 이 말을 들은 중생들은 마땅히 서원을 세워 저 국토[극락]에 태어나기를 원해야 한다.

왜 그러한가. 거기 가면 이와 같이 으뜸가는 사람들과 함께 모여 살 수 있기 때문이다. 사리불이여, 조그마한 선근이나 복덕의 인연으로는 저 국토에 태어날 수 없다.

어떤 선남자 선여인이 아미타부처님에 대한 이야기를 듣고 아미타불의 명호를 간직하여 혹은 하루, 혹은 이틀, 혹은 사흘, 혹은 나흘, 혹은 닷새, 혹은 엿새, 혹은 이레 동안 한결같은 마음으로 조금도 흐트러지지 않으면, 그가 임종할 때 아미타부처님이 여러 거룩한 분들과 함께 그 사람 앞에 나타난다. 그가 목숨을 마칠 때 마음이

뒤집히지 않고 아미타부처님의 극락국토에 왕생하게
된다.

　사리불이여, 나는 이러한 이익을 보이고자 이러한 말
을 하였다. 만약 어떤 중생이 이러한 말을 들었다면 마
땅히 저 국토에 태어나기를 발원해야 한다."

『아미타경』

　이 경전 말씀은 석가모니부처님께서 극락세계의 공덕장
엄을 설명하시고, 중생들에게 극락왕생 발원을 권하시는
내용이다. 그리고 앞 장에서 언급한 헤아릴 수 없는 부처님
의 찬탄과 경전에 대한 믿음으로 이어진다.

　그런데 이 경전 말씀을 보면, '조그마한 선근이나 복덕
의 인연으로는 저 세계에 가서 날 수 없'지만, '아미타불의
명호를 간직하여 … 한결같은 마음으로 조금도 흐트러지지
않으면' 극락왕생한다.

　'조그마한 선근이나 복덕의 인연'이 없더라도 '아미타불
의 명호를 간직하여 한결같은 마음으로 … 조금도 흐트러
지지 않으면' 극락왕생할 수 있다는 말인가. '많은 선근이
나 복덕의 인연'이 있으면서 '아미타불의 명호를 간직하여
한결같은 마음으로 … 조금도 흐트러지지 않으면' 극락왕

생할 수 있다는 말인가. '많은 선근과 복덕의 인연'이 바로 '아미타불의 명호를 간직하여 한결같은 마음으로 … 조금도 흐트러지지 않는 것'이라는 말인가. '아미타불의 명호를 간직하여 한결같은 마음으로 … 조금도 흐트러지지 않으면' 바로 '많은 선근과 복덕의 인연'이 함께한다는 말인가.

원효스님은 이 경전 말씀에 주목한다.

"경전의 글은 두 가지 원인을 밝힌다. 첫째는 정인(正因)[직접 원인]이고, 둘째는 조인(助因)[보조 원인]이다. 정인 가운데 '조그마한 선근과 복덕의 인연으로써 저 국토에 태어날 수 없다.'고 말한 것은, 많은 선근을 아우르는 큰 보리심을 인연으로 삼아서 이내 태어날 수 있기 때문이다. … 둘째는 조인을 밝힌다. '명호를 간직하여 한결같은 마음으로 흐트러지지 않기' 때문이다. 아미타여래의 불가사의한 공덕으로 이루어진 명호이기 때문이다. '하루 내지 이레'라고 한 것은 뛰어난 사람은 빨리 이루고, 열등한 사람은 더디게 익숙하기 때문이다. 『성왕경』에서 '열흘 동안 명호를 외우는 것은 열등한 사람은 열흘이 되어야 성취하기 때문이다.'라고 하였다 …."

『불설아미타경소』(원효스님 저)

이처럼 원효스님은 극락왕생의 정인을 보리심으로 보았다. 그 보리심은 많은 선근과 복덕의 인연을 아우른다. 경전에서 '선근과 복덕의 인연'이 이에 해당한다. 조인을 염불로 보았다. 경전에서 '명호를 간직하여 한결같은 마음으로 흐트러지지 않으면'이 이에 해당한다.

보리심은 법장보살의 48대원에도 등장한다.

19

제가 부처님이 될 때, 시방세계 중생이 보리심을 일으켜서 모든 공덕을 닦고, 지극한 마음으로 발원해서 임종 시에 저의 국토에 태어나고자 원할 때, 제가 대중에게 둘러싸여 그 사람 앞에 나타나지 못한다면 저는 깨달음을 이루지 않겠습니다.

35

제가 부처님이 될 때, 시방세계의 헤아릴 수 없이 많은 모든 부처님 세계의 여인들이 저의 이름을 듣고서 환희심을 내어 믿고 원해서 보리심을 일으켜 여자의 몸을 싫어하는데 목숨을 마친 후 다시 여인이 된다면 저는 깨달음을 이루지 않겠습니다.

『무량수경』

보리심!

아뇩다라삼약삼보리심, 즉 무상정등정각심이다. 이는 깨
닫고자[보리] 하는 마음[심]을 말한다. 그리고 이러한 깨닫
고자 하는 마음을 내는 것을 발보리심이라고 한다. 이를 발
심이라고 한다. 일반적으로 불자가 된 이들에게 '발심하셨
다.'고 한다. 그것은 신심을 북돋아주고 격려해주고자 하는
말이다. 엄밀한 의미에서 발심은 발보리심이다. 이 또한 내
면에 강하게 흐르는 발보리심이다.

『무량수경』에는 상배[상품], 중배[중품], 하배[하품]
등 누구든지 극락왕생을 원하는 자는 모두 보리심을 일으
킨다.

"그러므로 아난아, 이 세상에서 무량수불을 친견하고자
하는 중생은 마땅히 한없는 보리심을 일으켜 공덕을 닦아
저 국토에 태어나기를 원해야 한다."

『무량수경』

원효스님은 『무량수경종요』에서 "보리심, 무상보리심(無上菩提心)을 일으킨다는 것은 세간의 부귀와 쾌락, (성문과 연각) 이승의 열반을 돌아보지 않고, 한결같이 (법신, 보신, 화신) 삼신의 보리를 원하는 것"이라고 하였다. 이러한 발보리심에서 중생을 이롭게 하고자 하는 발심, 진여의 세계를 믿고 이해하는 발심이 포함된다. 보리심에 중생 구제 등이 포함된다는 뜻은 여러 스님의 공통된 말씀이다. 다음은 중국 담란스님(467~542)의 『무량수경우바제사원생게주』(『왕생론주』라고도 함) 말씀이다.

"삼배왕생 가운데 비록 수행에는 우열이 있지만 다 무상보리심을 일으키지 않는 이가 없다. 이 무상보리심은 곧 부처님이 되기를 바라는 마음이다. 부처님이 되기를 바라는 마음은 곧 중생을 제도하려는 마음이다. 중생을 제도하려는 마음은 곧 중생을 이끌어 불국토에 태어나게 하려는 마음이다. 그러므로 그 안락정토에 태어나고자 원하는 자는 모름지기 무상보리심을 일으켜야 한다. 만약 사람이 무상보리심을 일으키지 않고 다만 그 국토에서 끊임없이 즐거움을 받는다는 것을 듣고 즐거움을 위해 태어나기를 원한다면, 마땅히 왕생할 수 없다."

『무량수경우바제사원생게주』(담란스님 저)

갑자기 극락왕생이 먼 일처럼 느껴진다. 그러나 극락왕생은 중생 스스로의 업력에 의해 드러나는 것이 아니다. 바로 아미타부처님의 본원력에 의해 이뤄진다. 중생이 일념으로 아미타부처님의 명호를 지닌다는 것은 바로 아미타부처님의 본원력과 함께한다는 의미다. 그 본원에는 발보리심이 포함되어 있다.

극락왕생을 원한다는 의미는 중생의 입장에서 볼 때 사바세계의 괴로움을 벗어나고자 하는 마음이 우선이겠지만, 결국 극락왕생하는 자는 아미타부처님의 본원력에 의해 보리심에서 물러나지 않는다. 아미타부처님의 본원력으로 극락정토를 장엄했지만, 궁극은 보리[깨달음]이다. 열매를 맺기 전에 꽃이 먼저 핀다. 보리가 열매라고 한다면 정토는 꽃에 해당한다. 염불의 공덕으로 꽃에 해당하는 정토에 태어나서 마침내 열매인 보리를 얻는다. 따라서 염불 수행으로 극락왕생하고자 하는 중생의 마음은 바로 보리심으로 연결된다.

"보리심의 양은 끝없이 광대하고 한없이 멀어서, 한계 없이 광대한 의보 정토와 한량없이 긴 정보 수명을 감득할 수 있다. 보리심을 제외하고는 감당할 수 없다."(『무량수경종요』)고 한다. 보리심이 없으면 극락의 장엄 공덕을 감득할 수 없다. 염불을 통해 극락왕생할 수 있다는 말은 바로 이미 보리심을 발하였다는 말이다. 극락왕생을 발원하며 염불하는 자의 마음에는 아미타부처님의 본원력에 의해 발보리심이 자리한다.

『금강경』에 반복하여 '아상, 인상, 중생상, 수자상'이 없어야 한다고 강조한다. '우리 같은 중생 주제에 뭐'라는 생각을 내려놓자. '이번 생에 안 되면, 다음 극락에서라도 보리를 이루리다.'라는 마음, 발보리심이 필요하다.

'나무아미타불'
염불로써 극락왕생하다

"제가 부처님이 될 때 시방의 중생들이 지극한 마음으로 믿고 원해 저의 나라에 태어나고자 내지 십념(十念)을 했는데 만약 태어날 수 없다면 저는 깨달음을 이루지 않겠습니다. 오직 오역죄를 짓거나 정법을 비방한 이는 제외합니다."

『무량수경』

법장보살 48대원 가운데 제18원 염불왕생원이다. 여기서 '십념'에 대한 해석이 분분하다. 일단 글자 그대로 단순하게 보면, '열 번 생각한다.' 또는 '열 가지 생각'이다.

그런데 '염불(念佛)'이 '부처님을 생각한다.' 또는 '부처님 명호를 부른다.'라는 뜻이 있는 것처럼 '염(念)'은 '부른다[칭(稱)]'는 의미도 있다. 또는 '염'은 '찰나'라는 시간 단위이기도 하다. 화엄사상에서 '십'을 완전수로 보는 것처럼 '십(十)'은 특정수를 말하는 것이 아니라, 모든 것이 갖추어진 무한수, 완전수라는 의미도 있다. '내지'라는 말에는 생략의 뜻이 있다. 따라서 '내지 십념'이란 '십념'만이 아니라 '그 이하부터 나아가 십념까지', '그 이상부터 나아가 십념까지' 등의 뜻도 된다.

정토 경전 곳곳에 십념 또는 일념 등이 등장한다.

"이와 같이 지극한 마음으로 소리가 끊어지지 않게 하여 십념(十念)을 구족하여 나무아미타불을 부르면[칭(稱)], 부처님의 명호를 부르는 까닭에 생각 생각 가운데 80억 겁 생사의 죄가 제거된다. … 이것을 하품하생이라 한다."

『관무량수경』

"그 하배를 말해보자. … 설령 여러 가지 공덕을 짓지는 못하지만 마땅히 위없는 보리심을 내고, 오로지 뜻을 한결같이 하여 내지 십념이라도 무량수불을 생각하며 그 국토에 태어나려고 원한다. 혹은 심오한 법을 듣고 즐거운 환희심으로 믿어 의혹을 일으키지 않고 내지 일념(一念)이라도 부처님을 생각하여 지극한 마음으로 저 국토에 태어나려고 원한다. 이 사람이 임종할 때 꿈결에 부처님을 뵙고 왕생한다."

『무량수경』

그럼 '십념'에 대한 몇 분의 견해를 살펴보기로 한다.

중국의 담란스님(476~542)의 견해는 이렇다. 염(念)은 찰나라는 시간 개념이 아니고, 아미타불의 모습을 놓치지 않고 생각[억념]하는 것이다. 아미타불을 생각하는 마음에 다른 생각이 없이 이어지는 것을 십념이라 하였다. 여기서 십념은 왕생하는 인이 완성된다는 의미이며, 반드시 수를 헤아릴 필요는 없다. 아미타불의 명호를 부르는 것도 마찬가지다.(『왕생론주』)

중국의 선도스님(613~682)은 제18원의 십념(十念)을 십성(十聲)으로 바꾸어 풀이한다. 이때 염(念)은 '부르다[칭(稱)]'라는 의미다. 입으로 나무아미타불을 외우는 것이다. '중생은 업장이 무거워 관(觀)으로는 성취하기 힘들다. 따라서 부처님은 자비로써 연민하여 명자(名字)[이름]를 부르도록 직접 권하셨다. 참으로 칭명이 쉽기 때문에 상속하여 왕생한다.'(『왕생예찬』) 이처럼 선도스님은 아미타불의 본원을 칭명(稱名)이라고 분명하게 말한다.

원효스님은 감추어진[은밀(隱密)의] 십념과 드러난[현료(顯了)의] 십념 두 가지 뜻이 있다고 하였다.(『무량수경종요』)

은밀의 십념은 『미륵소문경』에서 말하는 십념이다. 다음 열 가지 생각[십념]을 갖추면 안양국토에 왕생한다. '첫째, 모든 중생에게 자심(慈心)을 일으키고 (착한) 행위를 방해하지 않는다. 둘째, 모든 중생에게 비심(悲心)을 일으키고 해치려는 마음을 없앤다. 셋째, 호법심(護法心)을 발해서 신명을 아끼지 않고 모든 법에 대해 비방하지 않는다. 넷째, 인욕 속에서 결정심(決定心)을 낸다. 다섯째, 마음이 청정하여 영리에 물들지 않는다. 여섯째, 일체종지(一切種智)의 마음을 일으켜 나날이 생각하여 잊지 않는다. 일곱째, 모든 중생에게 존경심을 일으키고 아만심을 없앤다. 여덟째, 세간의 대화에 재미를 붙이지 않는다. 아홉째, 깨달고자 하는 마음을 가까이하여 여러 가지 깊은 선근의 인연을 일으켜 산란한 마음을 멀리한다. 열째, 정념(正念)으로 부처님을 관하여 모든 근(根)을 제거한다.' 이와 같은 십념은 이미 범부의 경계가 아니다. 초지(初地) 이상의 보살이 갖출 수 있다.

현료의 십념은, 위에서 인용한 『관무량수경』 하하품의 십념을 언급한다. 그 경전의 일념과 십념에 대해 다음과 같이 풀이한다. '도둑에 쫓겨 강을 건너야 하는 사람이 오직 강을 건너야 한다는 생각뿐, 바로 이것이 일념이다. 이와 같은 십념에는 다른 생각이 섞일 수 없다. 부처님의 이름만을 생각하든지 부처님의 상호를 생각하든지, 한 치의 틈도 없이 오로지 부처님을 생각하면서 나아가 십념에 이르면, 이와 같은 지극한 마음을 십념이라 한다.'

원효스님은 『미륵소문경』에서 언급한 열 가지 생각을 은밀 십념이라 하였고, 『관무량수경』을 언급하면서 부처님의 명호를 염하든 부처님의 상호를 염하든 부처님을 생각하여 십념에 이르는 지극한 마음을 현료 십념이라 하였다. 현료 십념에서 십념은 다른 생각이 들어가지 않고 한 치의 틈도 없이 부처님을 생각한다는 의미다. 『관무량수경』에서는 '나무아미타불을 부른다.'고 하였다. 부처님을 생각한다[염불]는 것은 부처님 명호를 부르는 염불[칭명염불, 구칭(口稱)염불] 또한 포함한다.

신라 경흥스님(7세기 중~8세기 초)은 『미륵소문경』의 십념을 『무량수경』의 십념과 관련짓지 않는다. 앞서 언급하였듯이, 그것은 범부의 생각이 아니기 때문이다. "『무량수경』의 십념이나 『관무량수경』의 십념 모두 같다. 상배도 십념을 닦기 때문이다. 하나, 둘 등을 나타내고자 '내지'라고 하였기 때문이다."(『무량수경연의술문찬』) 이 글을 볼 때, 경흥스님은 '염'을 칭명으로 본다. '내지 십념'에서 '내지'를 '하나, 둘 등'을 포함하는 것으로 해석하기 때문이다. 그렇다면 '내지 십념'이란 '하나, 둘 나아가 열 번 부처님 명호를 부른다.'는 뜻이다. 물론 이때 '십'은 꼭 '열'이라는 숫자일 필요는 없다.

신라의 의적스님은 『무량수경』의 십념과 『관무량수경』의 십념을 같다고 본다. "십념 정도 지나도록 오로지 부처님 명호를 부르는 것이 십념이다. 여기서 염이라 말하는 것은 나무아미타불을 부르는 것이다. 이러한 (나무아미타불) 여섯 자가 지날 정도가 일념이다. … 전일한 마음으로 부처님의 명호를 부를 때 자연스럽게 이러한 (『미륵소문경』의) 열 가지 생각을 구족한다."(『무량수경술의기』)

이 글에 의하면, '십'이나 '일'을 시간의 개념으로 본다. 나무아미타불 한 번 부르는 시간이 일념이다. 열 번 부르는 것이 십념이다. 또는 일념이 오로지 이어질 때 그것이 십념이다. '오로지[전(專)]'가 칭명염불의 기본 조건이다. 염불

횟수는 상관없다.

　이처럼 '십념'이라는 말에 많은 견해가 있다. 어쩌면 우리 범부가 이해하기 힘든 말씀이기도 하다. 그래서 옛 스승들께서는 자비심으로 단순하게 '죽기 전에 나무아미타불 한 번이라도 하면 극락 간다.'는 가르침을 주셨는지 모른다.

악업을 지은 자,
극락왕생하다?

부처님께서 아난과 위제희에게 말씀하셨다.

"하품하생을 말해보자. 어떤 중생이 착하지 못한 업을 짓는다. 오역죄와 십악 등 여러 착하지 못한 악업을 갖춘다. 이와 같은 어리석은 사람은 악업 때문에 마땅히 악도에 떨어져서 많은 세월 한없는 괴로움을 받는다. 이 어리석은 사람은 목숨이 다하려 할 때 선지식을 만난다. 여러 가지로 편안하게 위로하고 그를 위하여 미묘한 법을 설하고 부처님을 생각하도록 권하지만, 이 사람은 고통에 시달려 부처님을 생각할 틈이 없다. 선지식은 다시 말한다. '그대가 만약 부처님을 생각할 수 없으면 나무아미타불을 불러라.' 이와 같이 지극한 마음으로 소리가 끊어지지 않게 하여 십념을 구족하여 나무아미타불을 부르면, 부처님의 명호를 부르는 까닭에 생각 생각 가운데 80억 겁 생사의 죄가 제거된다. 그리고 목숨이 다할 때 그 사람 앞에 머물러 있는 태양과 같은 황금의 연꽃을 본다. 곧 한 생각 사이에 극락세계의 연꽃 속에 왕생한다. 12대겁이 지나서 연꽃이 핀다. 연꽃이 필 때 관세음보살, 대세지보살이 대자비의 음성으로 그를 위하여 널리 모든 법의 실상과 죄를 없애는 법을 설한다. 듣고 나서 기쁨에 넘쳐 때에 맞춰 곧 보리심을 낸다. ….”

『관무량수경』

『관무량수경』 16관법 가운데 제16 하배관의 내용이다. ‘오역죄와 십악 등 여러 착하지 못한 악업을 갖춘’ 어리석은 이도 아미타불 명호를 부르면 극락왕생한다는 내용이다. 어떻게 그것이 가능한가. 의문이 들지 않을 수 없다. 누구나 가질 수 있는 의문이다.

그런데 이러한 의문에 앞서 잠시 스님들의 논쟁을 살펴보기로 한다. 논쟁의 주제는 ‘왜 『관무량수경』에서는 오역죄만 언급하고, 정법을 비방한 경우는 빠졌는가.’다.

앞서 살펴본 법장보살의 48원 가운데 제18원에서는 극

락왕생에서 '오역죄를 짓거나 정법을 비방한 자는 제외한
다.'고 하였다. 법장보살의 48원을 언급한 『무량수경』에서
는 거듭 등장한다.

　"어떤 중생이 그 명호를 듣고서 신심을 내고 기뻐하며 내
지 일념이라도 지극한 마음으로 회향하여 저 국토에 태어
나기를 원하면, 곧 왕생하여 불퇴전에 머문다. 오직 오역죄
를 짓거나 정법을 비방한 자는 제외한다."

『무량수경』

　다시 논쟁의 주제를 정리하자면 이렇다. 『무량수경』에
서는 극락왕생에 '오역죄를 짓거나 정법을 비방한 자는 제
외한다.'고 언급하였는데, 『관무량수경』에서는 왜 '오역죄
를 지은 자도 극락왕생한다.'고 언급하는가. 이에 대해 신
라 경흥스님의 『무량수경연의술문찬』에서 다양한 견해가
언급된다. 그 글에서는 명확하게 누구의 주장인지 밝히지
않았다. 그러나 언급된 내용을 토대로 몇 분의 견해를 살펴
보자.
　다음은 중국 선도스님의 견해다.

"『무량수경』 48원 가운데 '법을 비방하거나 오역죄를 지은 자는 제외한다.'는 것은 이 두 가지 업은 그 장애가 매우 무겁다. 만약 중생이 이 업을 지으면 곧 아비지옥에 들어가서 여러 겁 두루 두려움에 떨며 벗어날 수 없다. 다만 여래께서 중생들이 이러한 두 가지 허물을 지을까 염려하여 방편으로 그치게 하고자 '왕생할 수 없다.'고 하셨지, 그들을 받아들이지 않는 것은 아니다. 또 『관무량수경』 하품하생에서 '오역죄를 지은 자를 받아들이고, 법을 비방한 자를 제외한 것'에 대해 말해보자. 오역죄를 이미 지은 자가 생사윤전하게 그냥 둘 수 없으니 다시 대비심을 일으켜 포함하여 극락왕생한다고 하였다. 그런데 법을 비방한 죄는 아직 짓지 않았으니 또 이를 막고자 '만약 법을 비방하면 곧 왕생할 수 없다.'고 하였다. 이것은 업을 짓지 않은 것에 나아가 풀이한 것이다. 만약 이미 지었다면 다시 '왕생할 수 있다.' 하였을 것이다."

『관무량수불경소』(선도스님 저)

선도스님의 견해는 이렇게 정리된다. 오역죄든 정법비방이든 이미 그 업을 지었으면 여래께서는 자비심으로 그들 또한 '왕생할 수 있다.'고 말씀하시고, 아직 짓지 않았다면 그 업을 짓지 않도록 방지하고자 '왕생할 수 없다.'고 말씀하신다. 따라서 이 견해에 따르면 오역죄든 정법비방이든 극락왕생할 수 있다는 이야기가 된다.

다음은 원효스님의 견해다.

"『관무량수경』에서 그렇게 (오역죄를 지은 자가 극락왕생할 수 있다) 말씀하신 것은, 비록 오역죄를 지었지만 대승의 가르침에 의하여 참회하는 자를 말한 것이다. 『무량수경』에서는 참회하지 않는 자를 말한 것이다."

『무량수경종요』(원효스님 저)

원효스님의 견해는 참회 여부로 정리된다. 그런데 정법을 비방한 자에 대한 언급은 없다.

다음은 신라 의적스님의 견해다.

"오역죄를 지은 이는 두 경우가 있다. 첫째, 오역죄를 지었으나 믿음은 무너지지 않아 정법을 비방하지 않는 경우다. 둘째, 오역죄를 짓고 믿음이 무너지고 정법을 비방하는 경우다. 후자는 행위[가행(加行)]와 의지[의요(意樂)]가 무너졌다. 전자는 행위는 무너졌지만 의지는 무너지지 않았다. 두 가지 모두 무너지면 업을 바꿀 수 없다. 의지가 무너지지 않으면 업을 바꿀 수 있다. 『관무량수경』에서는 믿음이 무너지지 않는 것에 나아가서 말하였다. 그러므로 그곳에서는 법을 비방하는 것은 말하지 않았다. 『무량수경』에서는 두 가지 모두 무너진 것에 나아가서 말하였다. 그러므로 정법비방을 말하였다."

『무량수경술의기』(의적스님 저)

의적스님의 견해는 믿음 여부로 정리된다. 오역죄를 짓더라도 믿음이 무너지지 않으면 정법을 비방하지 않아서, 행위는 무너지더라도 의지가 무너지지 않아 업을 바꿀 수 있어 극락왕생할 수 있다. 반면 오역죄를 짓고 또한 믿음이 무너지면 정법을 비방하게 되고 결국 행위와 의지가 무너져 업을 바꿀 수 없다. 따라서 오역죄를 짓더라도 믿음의 여부에 따라 정법비방 여부로 연결되며 또한 극락왕생 여부가 결정된다.

정리하자면, 선도스님은 부처님의 자비 방편에 따라서, 원효스님은 참회 여부에 따라서, 의적스님은 믿음 여부에 따라서 '오역죄의 극락왕생 여부'에 차이가 난다고 보았다.

오역죄 등 악업을 지은 자가 극락왕생할 수 있다는 경전 말씀도 이해되지 않고, 방편, 참회, 믿음 여부에 따라 악인도 극락왕생할 수 있다는 견해도 잘 와 닿지 않는다. 어떻게 악인이 극락왕생할 수 있는가.

이러한 의문을, 기원전 2세기 후반 서북인도 박트리아 왕국의 그리스계 밀란다왕[그리스 메난드로스왕]이 나가세나스님에게 던졌다.

밀란다왕이 나가세나존자에게 물었다.

"나가세나존자여, 그대 수행자들은 '백 년 동안 악행을 저질렀을지라도 죽는 순간에 염불을 하면 극락에 태어날 수 있다.'고 합니다. 나는 그 말을 믿을 수 없습니다. 또 그대들은 '단 한 번 살생한 과보로 지옥에 태어난다.'고 말합니다. 나는 그 말도 믿을 수 없습니다."

"대왕이여, 어떻게 생각합니까? 조그마한 돌은 물에 뜰 수 있습니까?"

"존자여, 그럴 수는 없습니다."

"대왕이여, 백 개의 수레에 실을 만한 바위라도 배에 싣는다면 물위에 뜰 수 있습니까?"

"그렇습니다. 능히 물위에 뜰 수 있습니다."

"대왕이여, 그와 마찬가집니다. 염불의 업은 배와 같습니다."

"잘 알았습니다. 나가세나존자여."

『밀란다왕문경』

필자는 '죽기 전에 나무아미타불 한 번 하면 극락에 간
다.'는 말을 믿는다. 교통사고 등 급박한 일에 직면하면 당
황하게 된다. 손에 든 핸드폰으로 구조 요청도 제대로 하
지 못한다. 그 순간 평상심을 가질 수 있는 사람은 거의 없
다. 죽는 순간 죽음의 공포 앞에 혼절한다. 죽음의 순간,
과연 '나무아미타불'이 나올까? 힘들다고 본다. 그러나 가
능한 경우가 있다. 평소 믿음으로 '나무아미타불'을 외우
던 경우, 죽음을 앞두고 피눈물 나는 참회를 한 경우에는
말이다.

극락왕생을 위해
세 가지 복을 닦다

그때 세존께서 위제희에게 말씀하셨다.

"그대는 아는가, 모르는가? 여기서부터 아미타부처님
이 계신 곳은 멀지 않다. 그대는 마땅히 생각을 모아서
깨끗한 업으로 이루어진 저 국토를 잘 관하라. 내가 이
제 그대를 위하여 여러 가지 비유를 널리 말하겠다. 또
한 미래 세상의 모든 범부로 하여금 깨끗한 업을 닦게
하여 서방극락국토에 태어날 수 있도록 하겠다. 저 국토
에 태어나고자 한다면 마땅히 세 가지 복을 닦아야 한
다. 첫째는 부모에게 효도하고, 스승과 어른을 받들어
모시고, 자비심으로 살생하지 말고 십선업(十善業)을
닦는다. 둘째는 삼귀의계를 받아 지니고 여러 가지 계를

갖추어 위의를 바르게 한다. 셋째는 보리심을 일으켜 인과를 깊이 믿고 대승경전을 독송하며, 다른 수행자에게도 힘써 권한다. 이와 같은 세 가지 일을 깨끗한 업이라 이름한다."

부처님께서 또 위제희에게 말씀하셨다.

"그대는 지금 아는가, 모르는가? 이 세 가지 업은 과거, 현재, 미래 삼세 모든 부처님께서 닦으신 깨끗한 업의 정인(正因)이다."

『관무량수경』

궁궐 내실에 갇힌 위제희왕비가 신통으로 궁궐에 나투신 석가모니부처님에게 극락왕생을 위해 사유하는 법과 바른 선정법을 여쭐 때, 부처님이 하신 말씀이다.

석가모니부처님은 극락에 태어나고자 한다면 세 가지 복을 닦아야 한다고 하신다. 세 가지 복을 경전에서 그대로 인용하면 이렇다.

"첫째는 부모에게 효도하고, 스승과 어른을 받들어 모시고, 자비심으로 살생하지 말고 십선업(十善業)을 닦는다."

"둘째는 삼귀의계를 받아 지니고 여러 가지 계를 갖추어 위의를 바르게 한다."

"셋째는 보리심을 일으켜 인과를 깊이 믿고 대승경전을 독송하며, 다른 수행자에게도 힘써 권한다."

선도스님은 『관무량수불경소』에서 제1복은 세속선(世俗善), 제2복은 계선(戒善), 제3복은 행선(行善)이라 하였다.

"첫째는 세 가지 복[삼복]을 밝혀 정인(正因)으로 삼고, 둘째는 구품(九品)을 밝혀 정행(正行)으로 삼는다. 지금 세 가지 복을 말한다.

제1복은 곧 세속선근(世俗善根)이다. 일찍이 불법을 듣지 못하고 단지 효양(孝養)·인(仁)·의(義)·예(禮)·지(智)·신(信)을 스스로 행하였다. 그러므로 세속선(世俗善)이라 이름한다. 제2복은 계선(戒善)이라 이름한다. 이 계 가운데는 곧 사람, 하늘, 성문, 보살 등의 계가 있다. 그 가운데 혹은 갖추어 받은 자도 있고 갖추어 받지 않은 자도 있고 혹은 갖추어 지니는 자도 있고 갖추어 지니지 않는 자도 있다. 그러나 다만 능히 회향하면 왕생할 수 있다. 제3복은 행선(行善)이라 이름한다. 대승심을 일으킨 범부가 자신도 능히 행하고 겸하여 인연 있는 다른 이에게 권하고, 악을 버리고 마음을 지녀 회향하면 정토에 태어난다.

또 이 세 가지 복 가운데 혹은 어떤 한 사람이 세복(世

福)만 닦아 회향하여 또한 왕생할 수 있고, 혹은 어떤 한 사람이 계복(戒福)만 닦아 회향하여 또한 왕생할 수 있고, 혹은 어떤 한 사람이 행복(行福)만 닦아 회향하여 또한 왕생할 수 있다. 혹은 어떤 한 사람이 위 둘을 닦아 회향하여 또한 왕생할 수 있고, 혹은 어떤 한 사람이 아래 둘을 닦아 회향하여 또한 왕생할 수 있다. 혹은 어떤 한 사람이 세 가지 복을 모두 닦아 회향하여 왕생할 수 있다. 혹은 어떤 사람들이 세 가지 복 모두 닦지 않는다면, 곧 십악(十惡)과 사견(邪見)과 일천제의 사람이라 이름한다."

『관무량수불경소』(선도스님 저)

첫째 세속선은 일반적인 세속의 착한 일을 말한다. 이러한 착한 일을 함으로써 복을 받는다. 이를 세복(世福)이라 한다.

둘째 계선은 올바른 계를 지키는 착한 일이다. 이러한 올바른 계를 지킴으로써 복을 받는다. 이를 계복(戒福)이라 한다.

셋째 행선은 불도(佛道) 수행을 행하고 권하는 착한 일이다. 이러한 불도 수행을 행하고 권함으로써 복을 받는다. 이를 행복(行福)이라 한다.

선도스님의 견해에 따르면, 세 가지 복을 모두 다 닦아야 극락왕생할 수 있는 것은 아니다. 그중 하나, 또는 둘을 닦아서 그것을 회향하면 극락에 왕생할 수 있다.

그런데 세 가지 모두 닦지 않는 경우, 성불할 수 없는 일천제로 남는다. 일천제는 부처님이 될 수 없는 성품을 지닌 중생을 말한다.

선도스님은 극락왕생을 위해 삼복은 정인이 되고 구품은 정행이 된다고 하였다. 구품은 상품상생~하품하생까지 극락왕생하고자 하는 중생을 수행 우열에 따라 아홉 부류로 나눈 것이다. 구품마다 근기에 따라 극락왕생을 위해 수행하는 모습이 다르지만, 그 모든 수행이 극락왕생을 위한 바른 수행이 된다. 그러므로 정행이라고 한다. 이는 이후 16관법에서 자세하게 언급된다.

세복, 계복, 행복, 이 세 가지 복은 그냥 주어지지 않는다. 세상의 착한 일을 하고, 계를 지키고, 불도를 수행하고 권하여 생긴 복이다. 즉 세 가지 선(善)을 행함으로써 복을 짓는다. 이러한 복은 극락왕생을 위해 필요한 복이다. 한편으로는 불자라면 당연히 닦아야 할 복이다.

그때 (눈에 장애가 있는) 아나율은 옷을 기우려 하였으나 실을 바늘구멍에 꿸 수 없었다. 그는 생각하였다.

'이 세상에서 복을 구하려는 사람은 나를 위해 바늘을 꿰어다오.'

세존께서는 천이통(天耳通)으로 그 소리를 들으셨다.

세존께서 아나율에게 말씀하셨다.

"그대는 그 바늘을 가져오라. 내가 꿰어주겠다."

아나율은 여쭈었다.

"아까 저는 '세상에서 복을 구하려는 사람은 나를 위해 바늘을 꿰어다오.'라고 하였습니다."

세존께서 말씀하셨다.

"세상에서 복을 구하는 사람으로 나보다 더한 사람은 없다. 나는 여섯 가지 법에 만족할 줄 모른다. 첫째는 보시, 둘째는 교훈, 셋째는 인욕, 넷째는 설법, 다섯째는 중생 보호, 여섯째는 위없는 도를 구함이다."

아나율이 여쭈었다.

"여래의 몸은 진실한 법의 몸이신데, 다시 무슨 법을 구하려 하십니까. 여래는 이미 생사의 바다를 건너시고 또 애착을 벗어나셨는데, 지금 또 복의 으뜸되기를 구하려 하십니까."

세존께서 말씀하셨다.

"그렇다, 아나율이여. 나는 여섯 가지 법에 만족할 줄 모른다는 것을 안다. 만일 중생이 죄악의 근본인 몸, 입, 뜻의 행을 참으로 안다면 마침내 삼악취에 떨어지지 않을 것이다. 그런데 중생들은 죄악의 근본을 알지 못하기 때문에 삼악취에 떨어진다."

『증일아함경』「역품① 5」

삼계의 도사이시고 사생의 자부이신 부처님께서도 복을 닦는데, 하물며 우리 같은 중생들이야 복을 닦아야 하지 않겠는가.

"복은 불에도 타지 않고, 바람에도 흔들리지 않고, 물에도 젖지 않으며, 도둑에게도 빼앗기지 않고, 사나운 벼락에도 부서지지 않으며, 창고에 두고 지키지 않아도 줄지 않는다."

『출요경』

세 가지 마음을 일으켜
극락왕생하다

"상품상생을 말해보자. 중생이 저 국토에 태어나고자
원하면 세 가지 마음을 일으켜야 한다. 그러면 곧 왕생
한다. 무엇을 세 가지라 하는가. 첫째는 지극히 정성스
러운 마음[지성심(至誠心)], 둘째는 깊은 마음[심심(深
心)], 셋째는 회향하고 발원하는 마음[회향발원심(回向
發願心)]이다. 이 세 가지 마음을 갖춘다면 반드시 저 국
토에 태어난다.…."

『관무량수경』

『관무량수경』에서는 극락에 왕생하는 자를 수행의 우열
에 따라 상품상생(上品上生)부터 하품하생(下品下生)까지

구품으로 나눈다. 그리고 상품상생부터 하품하생까지 차이나는 수행과 극락왕생의 모습을 자세히 설명한다. 우선 상품상생을 설명하는 첫 머리에 세 가지 마음[삼심(三心)]을 언급한다. 세 가지 마음은 곧 첫째는 지성심(至誠心), 둘째는 심심(深心), 셋째는 회향발원심(回向發願心)이다.

선도스님은 이 세 가지 마음을 극락왕생의 중요한 원인으로 본다. 세 가지 마음은, 비록 경전에 상품상생에서 언급되고 있지만, 상품상생만이 아니라 구품 모두 가져야 한다고 주장한다. 그럼 선도스님은 이 세 가지 마음을 어떻게 설명하고 있는지 잠깐 살펴보자.

1

지성심(至誠心)은 진실한 마음이다.

"첫째 지성심이다. 이른바 신업(身業)으로 저 부처님께 예배하고, 구업(口業)으로 저 부처님을 찬탄하고 칭양하며, 의업(意業)으로 저 부처님을 전념하여 관찰한다. 무릇 삼업을 일으키는 데 반드시 모름지기 진실해야 하기 때문에 지성심이라 이름한다."(『왕생예찬』)

"'지(至)'는 '진(眞)'[참]이고, '성(誠)'은 '실(實)'[정성]이다. 일체 중생이 신구의(身口意) 업으로 지은 이해와 행위[해행(解行)]는 반드시 진실한 마음 가운데 지어야 함을 밝히고자 한다."(『관무량수불경소』)

2

심심(深心)은 깊은 신심이다.

"둘째 심심이다. 곧 진실한 신심(信心)이다. 자신이 번뇌를 구족한 범부로서 선근이 적어 삼계에 윤회하여 화택을 벗어나지 못함을 진실로 믿어 알고, 아미타부처님의 본원인 큰 서원 및 명호를 불러 열 번이나 한 번만 하더라도 반드시 왕생할 수 있음을 진실로 믿고 알아서, 내지 한 생각이라도 의심이 없기 때문에 심심이라 이름한다."(『왕생예찬』)

"심심은 깊게 믿는 마음이다."(『관무량수불경소』) 믿음을 둘로 정리한다. 첫째는 신기(信機)이다. 경전에서 "자신이 번뇌를 구족한 범부로서 선근이 적어 삼계에 윤회하여 화택을 벗어나지 못함을 진실로 믿어 알고"는 자신의 수준[기], 즉 자신이 범부라는 것을 자각하는 믿음[신]이다. 둘째는 신법(信法)이다. 경전에서 "아미타부처님의 본원인 큰 서원 및 명호를 불러 열 번이나 한 번만 하더라도 반드시 왕생할 수 있음을 진실로 믿고 알아서"는 부처님 가르침

[법]에 대한 믿음[신]이다. 특히 칭명염불하여 극락에 왕생한다는 점에 한 점의 의혹도 없어야 한다. 아미타불 한 부처님의 명호를 부르는 것만이 본원에 부합한다. 더불어 오종정행(五種正行)을 언급한다. 독송, 관찰, 예배, 칭명, 찬탄이다.

3
회향발원심(回向發願心)은 극락왕생을 원하는 마음이다.
"셋째 회향발원심이다. 지은 바 모든 선근을 모두 다 회향하여 왕생을 원하기 때문에 회향발원심이라 이름한다."(『왕생예찬』)
"회향발원심을 말해보자. 과거 및 금생까지 (자신이) 신구의로 닦은 출세간과 세간의 선근이 있고, 다른 모든 범부와 성인이 신구의로 닦은 출세간과 세간의 선근을 따라서 기뻐하였다[수희(隨喜)]. 이러한 자신과 다른 이가 닦은 선근을 진실로 깊게 믿는 마음 가운데 모두 다 회향하여 그 국토에 왕생하기를 원하기 때문에 회향발원심이라 한다."(『관무량수불경소』)
그런데 회향에는 두 가지가 있다. 극락에 태어나고자 하는 왕상회향(往相回向), 극락에 태어난 뒤 도리어 대비심을 일으켜 다시 생사에 돌아와 중생을 교화하고자 하는 환상회향(環相回向)이 있다.

세 가지 마음을 정리하면 이렇다. 지성심은 신행생활을 하는 데 필요한 진실한 마음이다. 심심은 범부 스스로에 대한 자각과 부처님 가르침에 대한 깊은 믿음이다. 특히 나무아미타불 염불로 극락왕생할 수 있다는 강한 믿음이다. 회향발원심은 자신의 모든 선근공덕뿐만 아니라, 다른 이의 선근을 따라 기뻐한 공덕까지 모두 회향하여 극락왕생하고자 발원하는 마음이다.

참고로, 다른 이가 닦은 선근을 따라 기뻐하는 것을 수희(隨喜) 또는 수희동참이라고 한다. 수희하는 순간 바로 다른 이의 공덕이 자신의 공덕이 된다. 그러므로 '자기와 다른 이의 공덕을 모두 회향한다.'고 하였다.

이처럼 선도스님은 세 가지 마음을 극락왕생하는 매우 중요한 원인으로 보고 자세하게 설명하였다. 특히 세 가지 마음은, 비록 경전에 상품상생에서 언급되고 있지만, 상품상생만이 아니라 구품 모두 가져야 한다고 주장한다. 또한 앞서 언급한 세 가지 복[삼복]의 경우에는 그중 하나만 닦아도 극락왕생할 수 있지만, 이 세 가지 마음[삼심]은 모두 갖추어야 극락왕생할 수 있으며, 그중 하나가 빠져도 극락왕생할 수 없다고 주장한다.

따라서 선도스님은 이 세 가지 마음을 극락왕생을 위한 정인(正因)이라고 본다. 그런데 원효스님을 비롯한 여러 스님은 보리심을 극락왕생을 위한 정인(正因)으로 본다. 특히 원효스님은 보리심을 정인[직접원인]으로, 염불을 조인(助因)[보조원인]으로 구분한다.

이 점에서 오늘날 세 가지 마음을 정인으로 보는 선도스님의 견해에 주목한다. 그런데 선도스님은 세 가지 복도 또한 극락왕생의 정인이라 하고, 구품의 수행을 정행(正行)이라고 한다. 물론 경전에서 "세 가지 일[복]은 … 정인"이라고 먼저 언급하였다. 선도스님의 저술에는 '정인'라는 단어는 보이지만, '조인'은 보이지 않는다. 따라서 선도스님이 정인이라는 말을 원효스님과 똑같은 의미로 사용하였는지 단정하기 어렵다. 어쩌면 선도스님이 사용한 정인이라는 말은 '직접원인', '중요한 원인', '바로 그 원인', '바른 원인' 등 다양한 해석이 가능하다.

또 어떤 이는 '극락에 태어나기를 원하는 사람은 반드시 무상보리심을 일으켜야 한다.'는 담란스님의 견해를 선도스님이 계승하였다고 본다. 담란스님은 '무상보리심이 극

락왕생의 정인이 된다.'고 하였다. 삼심의 중심 내용이 극
락왕생이다. 극락왕생을 원하는 자는 반드시 무상보리심을
일으켜야 한다. 곧 삼심을 갖춘다는 말은 무상보리심을 일
으킨다는 말이다. 따라서 '무상보리심이 극락왕생의 정인
이 된다.'는 담란스님의 뜻을 이어받아서 선도스님은 '삼심
이 극락왕생의 정인이 된다.'고 보았다는 견해다.

한편, 인도의 세친보살(320~400년경) [= 천친보살]은
『무량수경우바제사원생게』(약칭 『왕생론』, 또는 『정토론』)
에서 극락왕생 방법으로서 오념문(五念門)을 언급한다.

"만약 선남자 선여인이 오념문을 닦아 성취하면 마침내
안락국토에 태어나 아미타부처님을 친견할 수 있다. 어떤
것이 오념문인가? 첫째는 예배문이요, 둘째는 찬탄문이요,
셋째는 작원문이요, 넷째는 관찰문이요, 다섯째는 회향문
이다."

『왕생론』

세 가지 마음을 오념문에 연결하면 다음과 같다.

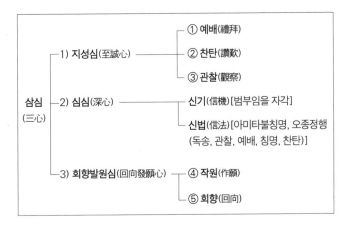

삼배중생,
각각의 공덕으로 극락왕생하다

부처님께서 아난에게 말씀하셨다.

"시방세계의 모든 하늘과 사람이 지극한 마음으로 저 국토에 태어나려고 원한다. 대략 세 가지 차별이 있다.

그 상배를 말해보자. 집을 떠나 욕심을 버리고 스님이 되며, 보리심을 일으키고, 한결같이 무량수불을 오로지 염하며, 여러 가지 공덕을 닦아서 저 국토에 태어나고자 원한다. 이와 같은 중생이 목숨을 마칠 때에는 무량수불 이 여러 대중과 함께 그 사람의 앞에 나타난다. 곧 그 부처님을 따라 저 국토에 왕생하여 곧 칠보의 꽃 가운데 자연스럽게 화생한다. 불퇴전의 진리에 머물러 지혜와 용맹을 갖추고 신통이 자재하다. 그러므로 아난아, 이

세상에서 무량수불을 친견하고자 하는 중생은 위없는
보리심을 일으켜 공덕을 닦아 저 국토에 태어나기를 원
해야 한다."

부처님께서 아난에게 말씀하셨다.

"그 중배를 말해보자. 시방세계 모든 하늘과 사람이
지극한 마음으로 저 국토에 태어나고자 원한다. 비록 스
님이 되어 큰 공덕을 닦지 못하더라도 마땅히 위없는 보
리심을 일으키고, 한결같이 무량수불을 오로지 염한다.
다소 선(善)을 닦고, 계율을 받들어 지키고, 탑과 불상을
조성하고, 스님에게 공양하고, 일산을 걸고, 등불을 밝
히고, 꽃을 뿌리고 향을 사른다. 이것을 회향해서 저 국
토에 태어나려고 원한다. 이 사람이 목숨이 마치면 무
량수불이 화현으로 그 몸을 나툰다. 광명과 상호가 실
제 부처님[진불]과 같으며, 모든 대중과 함께 그 사람 앞
에 나타난다. 화현한 부처님[화불]을 따라서 저 국토에
왕생한다. 불퇴전에 머물고, 공덕과 지혜는 상배 다음이
다."

부처님께서 아난에게 말씀하셨다.

"그 하배를 말해보자. 시방세계 모든 하늘과 사람이
지극한 마음으로 저 국토에 태어나고자 원한다. 설령 여

러 가지 공덕을 짓지는 못하지만 마땅히 위없는 보리심을 일으키고, 오로지 뜻을 한결같이 하여 내지 십념이라도 무량수불을 염하며, 그 국토에 태어나려고 원한다. 혹은 심오한 법을 듣고 즐거운 환희심으로 믿어 의혹을 일으키지 않고, 내지 일념(一念)이라도 부처님을 염하여, 지극한 마음으로 저 국토에 태어나려고 원한다. 이 사람이 임종할 때 꿈결에 부처님을 뵙고 왕생한다. 공덕과 지혜는 중배 다음이다."

『무량수경』

극락왕생하고자 하는 중생을 수행 우열에 따라 크게 세 부류로 나눈다. 상배, 중배, 하배(『무량수경』) 또는 상품, 중품, 하품(『관무량수경』)이다. 원효스님의 『무량수경종요』를 참고로 삼배에 대한 경전 말씀을 정리해본다.

극락에 왕생하여 받게 되는 극락정토의 정보와 의보의 장엄 공덕은 다만 부처님 본원력 덕분이다. 중생 스스로 업의 원인에 의해 이루어진 것이 아니다. 중생 스스로 업에 의해 예토의 정보와 의보를 받는 것과 다르다. 부처님 본원력이 정토를 장엄하는 근본원인이다. 그렇지만 극락에 왕생하고자 하는 중생 업의 원인이 없다면 왕생할 수 없다.

따라서 부처님 본원력을 성판인(成辦因)[결정하는 근본 원인]이라고 하고, 중생 업의 원인을 왕생인(往生因)이라고 한다.

이러한 왕생인에 대한 풀이는 경전과 논서에 따라 다르다. 『관무량수경』에는 16관법을 말하고, 『무량수경』에는 상배, 중배, 하배의 삼배중생의 원인을 말한다.

그럼, 『무량수경』에 언급된 삼배중생의 원인을 정리해 보자.

1

상배의 왕생인은 다섯으로 구분된다.

① 집을 떠나 욕심을 버리고 사문이 된다.

② 위없는 보리심[무상보리심]을 일으킨다.

③ 한결같이 오로지 무량수불을 염한다.

④ 여러 가지 공덕을 닦는다.

⑤ 극락에 태어나기를 발원한다.

①②③④는 행(行)이고, ⑤는 원(願)이다. 행과 원이 화합하여 극락에 태어날 수 있다.

2

중배의 왕생인은 넷으로 구분된다.

① 사문이 될 수 없더라도 위없는 보리심을 일으킨다.

② 한결같이 오로지 무량수불을 염한다.

③ 다소나마 선(善)을 닦는다.

④ 극락에 태어나기를 발원한다.

①②③은 행이고, ④는 원이다. 행과 원이 화합하여 극락에 왕생하는 원인이 된다.

3

하배는 두 부류 사람이 있으며, 왕생인은 각각 셋으로 구분된다.

첫 번째 사람이다.

① 여러 공덕을 짓지 못하지만 위없는 보리심을 일으킨다.

② 내지 십념으로 오로지 무량수불을 염한다.

③ 극락에 태어나기를 발원한다.

두 번째 사람이다.

① 심오한 법을 듣고 환희하며 믿고 좋아한다.[=발보리심, 믿음]

② 내지 일념이라도 무량수불을 염한다.[믿음이 있기 때

문에 십념을 갖추지 않아도 된다.]

③ 지극한 마음으로 극락에 태어나기를 발원한다.

두 사람 모두 ①②는 행이고, ③은 원이다. 행과 원이 화합하여 극락에 왕생하는 원인이 된다.

그런데 삼배중생의 왕생인 가운데 공통점이 있다. 정인(正因)[직접원인]인 보리심과 조인(助因)[보조원인]인 염불이다.

이상 원효스님의 풀이에 따라 삼배의 왕생인을 살펴봤다.

한편, 왕생인이 다름에 따라 임종할 때나 이후 극락왕생할 때 차이가 난다. 『관무량수경』 16관법에서는 자세히 언급하고 있지만, 『무량수경』에서는 왕생자가 임종할 때 아미타부처님의 내영(來迎)[와서 맞아줌]이 다른 점만 언급한다.

상배에게는 '무량수불이 여러 대중과 함께 그 사람의 앞에 나타난다.'

중배에게는 '무량수불이 화현으로 그 몸을 나툰다.'

하배에게는 '꿈결에 부처님을 뵙고 왕생한다.'

그러나 중생으로 하여금 수행을 독려하고자 이러한 과보의 차이를 나타내었다고 풀이하기도 한다.

참고로, 중배 "비록 스님이 되어 큰 공덕을 닦지 못하더라도"라는 내용에서 '상배는 출가자를 말하지만, 중배와 하배는 출가자를 포함하지 않는다.'고 이해할 수 있지만,『관무량수경』을 보면 그렇지 않다. 중품과 하품에 '구족계'가 언급되기 때문이다. 구족계는 출가자의 계율이다.

부처님 지혜를 의심한 자,
극락 변두리에 태생하다

이때 미륵보살이 부처님께 여쭈었다.

"세존이시여, 무슨 인연으로 저 국토의 인민에게 태생과 화생이 있습니까?"

부처님께서 자씨보살에게 말씀하셨다.

"어떤 중생은 의심하는 마음을 가지고 여러 공덕을 닦아 그 국토에 태어나기를 원한다. 곧 불지(佛智), 부사의지, 불가칭지, 대승광지, 무등무륜최상승지를 분명하게 알지 못한다. 이러한 여러 지혜를 의심하여 믿지 않지만, 죄와 복을 믿어 선의 근본을 닦아서 그 국토에 태어나고자 원한다. 이러한 모든 중생은 그 (국토의 변지에 있는) 궁전에 태어나 5백 세까지 살면서 부처님을 친견할 수 없고, 경전의 가르침을 들을 수 없고, 보살과 성문 등의 성중을 볼 수 없다. 그러므로 그 국토에서 이것을 태생이라 한다.

어떤 중생이 불지로부터 승지까지를 믿고 여러 공덕을 지어 신심으로 회향하면, 이 모든 중생은 칠보로 된 꽃 가운데 자연히 화생하여 가부좌하여 앉고, 순식간에 신체의 모습과 광명과 지혜와 공덕을 모든 보살처럼 구족한다.

또 미륵보살이여, 타방 불국토의 모든 대보살이 발심하여 무량수불을 친견하여 공경하고 공양하며 모든 보살과 성문들에게도 그렇게 하고자 한다면, 그 보살은 목숨이 다한 뒤 무량수국에 태어나 칠보로 된 꽃 가운데 자연히 화생한다. 미륵이여, 마땅히 알라. 그 화생한 자는 지혜가 수승하기 때문이다. 그 태생한 자는 모두 지혜가 없다. 5백 세 동안 항상 부처님을 뵐 수 없고, 경전의 가르침을 들을 수 없고, 보살과 여러 성문들을 볼 수 없고, 부처님께 공양할 계기가 없고, 보살의 법식을 알 수 없고, 공덕을 닦을 수가 없다. 마땅히 알아라. 이 사람은 과거세에 지혜가 없어서 의심하였기 때문이다."

『무량수경』

중생이 태어나는 방법에 따라 사생(四生)으로 구분한다. 태생, 난생, 습생, 화생이다. 줄여서 태난습화라고 한다. 태생(胎生)은 태를 통해 태어나는 중생이다. 난생(卵生)은 알을 통해 태어나는 중생이다. 습생(濕生)은 습한 곳에서 태어나는 중생이다. 습한 곳에서 태어나는 작은 동물 같은 경우이다. 화생(化生)은 어떤 매개체를 통하지 않고 태어나는 중생이다. 화생은 지옥에 태어나거나 하늘에 태어날 때 어머니의 몸이나 매개체를 빌리지 않고 태어나는 경우이다.

극락에 태어나는 중생은 일반적으로 칠보로 된 연꽃 속에 태어난다고 한다. 이를 화생이라 한다. 그런데 극락에도 태생으로 태어나는 경우가 있다. 바로 '죄와 복을 믿어 선의 근본을 닦아서 그 국토에 태어나고자 원하지만, 부처님의 지혜를 믿지 못하는 자'이다.

방편교설로 설한 경전의 말씀을 잘못 이해하거나 부처님 지혜를 자신의 깜냥으로 잘못 이해한 중생이 있다.

가령 '아미타부처님께서 비록 큰 서원을 세웠더라도 중생은 어마어마하게 다양한 부류가 있는데, 이들을 모두 인도하여 극락에 태어나게 할 수 있을까. 그것은 불가능하지 않을까.' 경전에서 선악에 따라 죄와 복은 무거운 것을 먼저 끌어당긴다고 하는데, 죄를 지어 무거워지면 어떻게 염불한 미미한 선으로써 온갖 죄를 없애고 극락에 왕생하여 불퇴전에 이를 수 있겠는가.' '부처님의 경지가 언어도단 (言語道斷)으로써 모든 명칭을 떠났는데, 어떻게 부처님의 명호를 불렀다고 많은 복을 얻을 수 있겠는가.' '과거와 현재 여러 부처님께서 비록 한량없이 많이 계셨지만 중생 구제를 다하지 못했는데, 한 부처님께서 능히 중생을 제도하신다면 다른 부처님께서 중생을 교화하는 일은 있을 수 없다. 어떻게 아미타불을 칭명한다고 해서 모두 그 국토에 왕생할 수 있겠는가.' '부처님께서 이 우주가 끝이 있는가 없는가 등등의 문제에 대해 답변하지 않으셨다. 이미 답변하지 않은 것이 있는데 염불을 한들 어떤 복이 있겠는가.' (『무량수경연의술문찬』(경흥스님 저) 참조)

이 모든 의문이 부처님의 지혜를 알지 못하여 의심하기 때문이다. 여러 공덕을 쌓고 극락왕생을 원하더라도 아미타부처님의 지혜를 의심하면 극락에 태어나도 변지에 태어나 성인의 교화를 못 받는다.

"부처님의 지혜를 의심하기 때문에 그 궁전에 태어나서 형벌이나 나아가 한 순간도 악한 일이 없지만, 단지 5백 세 가운데 삼보를 보지 못하고, 삼보를 공양하여 모든 선(善)

의 근본을 닦을 수 없다. 이를 고통스럽게 여겨서 비록 다른 즐거움이 있지만 오히려 그곳을 즐거워하지 않는다."

『무량수경』

극락에 태생하여 변지에 떨어지는 일이 생겨나지 않도록 아미타부처님의 지혜를 의심하지 말아야 한다. 아미타부처님의 본원력과 지혜는 실로 헤아릴 수 없다. 그렇다면 극락 변지에 태어난 이들은 어떻게 하면 아미타부처님을 친견할 수 있을까. 그것은 바로 참회다.

"만약 이 중생이 자신이 그 근본 죄를 알아 깊이 스스로 참회하고 그곳으로 벗어나고자 하면, 곧 뜻대로 무량수불의 처소로 가서 공경하고 공양할 수 있다. 또 헤아릴 수 없고 헤아릴 수 없는 부처님 처소에도 두루 도달하여 온갖 공덕을 닦을 수 있다."

『무량수경』

한편으로는 부처님의 지혜를 믿지는 않았는데도 수행 공덕과 극락왕생 발원에 의해 극락 변지에 태생으로 태어났다는 경전 말씀이 재미있다. 의심이 있다고 해서 다른 공덕을 완전히 무시하고 전혀 엉뚱한 곳에 태어나지 않는다는 점이 그렇다. 그리고 아무리 수행 공덕을 쌓아도 아미타부처님의 지혜와 본원력을 믿지 못한다면 결코 아미타부처님을 친견할 수 없다는 점은 한편으로는 신심과 하심의 가르침을 던져준다.

"의심을 일으킨 보살은 큰 이익을 잃는다. 그러므로 모든 부처님의 위없는 지혜를 분명하게 믿어야 한다."

『무량수경』

16관법으로
극락왕생하다

부처님께서 아난과 위제희에게 말씀하셨다.

" … 여래는 위제희 및 미래 세상의 일체 중생으로 하여금 서방극락세계를 관하는 것을 지금 가르쳐주겠다. 부처님의 힘으로 마땅히 저 청정한 국토를 볼 수 있게 된다. 마치 맑은 거울을 들고 자기 얼굴을 보는 것과 같다. 저 국토에 있는 아주 미묘하고 즐거운 모습을 보고 나면 환희한다. 그러므로 때에 맞춰 곧 무생법인을 얻게 된다."

부처님께서 다시 위제희에게 말씀하셨다.

"그대는 지금 범부로서 생각이 여리고 얕아 아직 천안통을 얻지 못해 멀리 볼 수가 없다. 모든 부처님은 다른 방편이 있어 그대로 하여금 볼 수 있게 한다."

그때 위제희가 부처님께 말씀드렸다.

"세존이시여, 저와 같은 사람은 지금 부처님의 힘에 의하여 저 국토를 볼 수 있습니다. 그런데 가령 부처님께서 입멸하신 후 다른 중생들은 혼탁하고 악하고 착하지 못하여 다섯 가지 고통에 시달릴 텐데, 어떻게 해야 그들이 마땅히 아미타부처님의 극락세계를 볼 수 있겠습니까?"

부처님께서 위제희에게 말씀하셨다.

"그대와 중생은, 응당 마음을 가다듬고 생각을 한 곳에 모아서 서방을 생각하라. 어떻게 생각하는가?…."

『관무량수경』

위제희왕비를 위해 석가모니부처님께서는 여러 불국토를 보여주셨다. 여러 불국토를 본 위제희왕비는 서방극락세계를 선택하고, 서방극락세계에 왕생하는 사유하는 법과 바른 선정법을 여쭈었다. 이때 부처님께서는 극락왕생을 위해 우선 세 가지 복을 언급하셨다. 그리고 지금 서방극락세계를 관하는 바른 선정법을 말씀하신다.

위제희왕비가 보았듯이 석가모니부처님이 계실 때에는

부처님의 힘으로써 서방극락세계를 볼 수 있지만, 부처님이 입멸한 이후 중생들은 마음이 혼탁하고 악하고 착하지 못하여 고통에 시달리기 때문에 적절한 방편, 수행법이 필요하다. 그 수행법은 바로 마음을 가다듬고 생각을 한 곳에 모아서 서방극락세계를 생각하는 관법(觀法)이다. 서쪽 하늘에 해가 지는 광경을 시작하여 극락의 장엄, 아미타부처님, 관세음보살, 대세지보살 그리고 극락왕생하는 구품 중생 등 크게 열여섯 대상을 관한다. 이를 16관법이라고 한다. 경전 이름이 『관무량수경』인 것처럼, 16관법은 이 경전의 핵심내용이다.

경전에서는 "응당 마음을 가다듬고 생각을 한 곳에 모아서 서방을 생각하라. 어떻게 생각하는가?"라고 하며, 곧 해를 생각하여 관하는[관상(觀想)] 관법부터 마지막 하품하생을 생각하여 관하는 관법까지 자세히 설명한다. 우선 간단하게 16관법을 살펴보자. 각 명호는 선도스님의 견해다.

① 일상관(日想觀): 서쪽 하늘에 지는 해를 관상(觀想)한다.
② 수상관(水想觀): 물을 생각하고, 얼음과 유리를 생각하고, 유리로 된 극락 대지의 여러 모습을 관상한다.

③ 지상관(地想觀): 극락의 대지를 더욱 분명하게 관상한다.

④ 보수관(寶樹觀): 극락의 보배나무를 관상한다.

⑤ 보지관(寶池觀): 극락의 보배연못의 팔공덕수(八功德水)와 연꽃을 관상한다.

⑥ 보루관(寶樓觀): 천상의 음악이 흘러나오는 극락의 보배누각을 관상한다.

⑦ 화좌관(華座觀): 연꽃을 생각하고, 보배로 된 연화대를 관상한다.

⑧ 상관(像觀): 연화대 위에 있는 아미타불·관세음보살·대세지보살의 불보살상(佛菩薩像)을 관상한다.

⑨ 진신관(眞身觀): 아미타불의 진실신(眞實身)과 광명을 관상한다.

⑩ 관음관(觀音觀): 관세음보살의 진실신과 광명을 관상한다.

⑪ 세지관(世至觀): 대세지보살의 진실신과 광명을 관상한다.

⑫ 보관(普觀): 자신이 정토에 왕생하는 모습을 관상한다.

⑬ 잡상관(雜想觀): 연못 위의 1장6척의 불상을 관하고, 모든 국토에 다양한 모습으로 나툰 아미타불, 똑같은

모습으로 나툰 관세음보살과 대세지보살을 관상한다.

⑭ 상배관(上輩觀) : 대승의 가르침으로 여러 공덕을 짓고 회향하여 극락에 왕생하는 상품상생, 상품중생, 상품하생을 관상한다.

⑮ 중배관(中輩觀) : 계율을 지켜 허물이 없고 위의에 부족함이 없는 공덕을 회향하여 극락에 왕생하는 중품상생과 중품중생, 세간의 선을 닦아 극락에 왕생하는 중품하생을 관상한다.

⑯ 하배관(下輩觀) : 악한 일을 지은 자도 오직 지성으로 염불하면 극락에 왕생할 수 있는 하품상생, 하품중생, 하품하생을 관상한다.

16관법을 단순하게 생각하면 이렇다. 부처님 말씀대로 '마음을 가다듬고 생각을 한 곳에 모아서 서방을 생각한다.' 머릿속으로 극락에 대한 영상[이미지]을 떠올린다. 먼저 서쪽 하늘에 해가 지는 것을 생각한다. 물을 생각하고, 얼음을 생각하고, 유리를 생각하고, 유리로 된 극락 대지의 여러 모습을 생각한다. 극락의 대지를 좀 더 자세하게 생각한다. 극락에 있는 보배나무를 생각하고, 보배나무에서 빛나는 광명을 생각한다. 보배연못을 생각하고, 연꽃을 생각한다. 그 보배연못 옆에 있는 보배누각을 생각하고, 누각 가운데 천상의 음악이 흘러나오는 것을 생각한다. 그 옆에 보배로 된 연화대를 생각한다. 그 연화대에 있는 불상을 생각한다. 그리고 이제 불상이 아니라 아미타부처님 진신을 생각한다. 관세음보살 진신을 생각하고, 대세지보살 진신을 생각한다. 그러한 극락에 자신이 태어나서 연꽃에 앉아 있는 모습을 생각한다. 그리고 아미타부처님, 관세음보살, 대세지보살이 여러 국토에 나투는 모습을 생각한다. 극락 왕생하고자 하는 상배, 중배, 하배 중생을 생각한다.

이렇게 마음을 집중하여 관상할 수 있다면 그 순간 다른 생각은 일어나지 않는다. 그런데 그것은 쉽지 않다. 몇 초 못 가서 극락에 있어야 할 마음이 엉뚱한 곳에 가서 있다. 모든 수행의 기본 원리는 어느 대상에 집중하여 잡념, 망상을 없애는 것이다. 16관법을 하는 동안 일체 분별망상이 없었다면 그 순간이 극락이다. 16관법을 단순하게 이해하자면 이렇다.

그럼, 16관법을 어떻게 분류하는지 잠깐 살펴보자.

선도스님은 '①일상관부터 ⑬잡상관까지를 정선(定善)으로 관불삼매를 밝혔고, 뒤 삼배관을 산선(散善)으로 염불삼매를 밝혔다.'고 한다.

관불삼매는 부처님을 관하여 삼매에 들어가는 수행법이다. 염불삼매는 부처님 명호를 불러 삼매에 들어가는 수행법이다. ①일상관부터 ⑬잡상관까지는 극락과 불보살을 관하여 선정에 들어간다. 여기서 관불삼매를 밝힌다. 뒤 삼배관(⑭상배관 ⑮중배관 ⑯하배관)은 왕생자가 염불하는 모습 등을 관상한다. 여기서 염불삼매를 밝힌다.

정선관은 마음을 한 곳에 집중하여 잡념을 제거하는 수행이고, 산선관은 산란한 마음으로라도 악을 버리고 선을 닦는 수행이다. 중생 가운데 고요한 마음을 가진 근기의 중생도 있고, 산란한 마음을 가진 근기의 중생도 있다. 정선으로는 중생을 다 구제할 수 없기에 부처님께서는 산선을 말씀하셨다. 앞서 언급한 세 가지 복[삼복(三福)]과 지금 언급하는 삼배관이 바로 산선이다. 그리고 삼배관은 삼복을 자세하게 설명한 것으로 염불삼매의 설로 간주한다. 따라서 16관법 가운데 생각하여 관할 대상은 앞의 정선 13관이다.

선도스님은 '정선 13관 가운데, ①일상관부터 ⑦화좌관까지를 의보관(依報觀)이라 하고, 이후를 정보관(正報觀)이라 한다.'

즉 의보관은 의보인 극락 국토를 관상하고, 정보관은 정보인 극락에 계신 불보살과 왕생자인 자신을 관상한다.

이러한 정선 13관은 산란한 마음을 가진 중생은 힘들지만, 뒤 삼배관은 산란한 마음을 가진 중생도 가능하다. 이를 산선구품이라고 한다. 극락왕생자는 수행의 정도에 따라 상배, 중배, 하배 또는 상품, 중품, 하품으로 나눈다. 다시 각각 상생, 중생, 하생으로 나눈다. 따라서 상품상생에서 하품하생까지 총 구품이 된다. 최상의 상품상생에서 최하의 하품하생으로 내려갈수록 수행의 정도가 미약해진다.

구품 중생의 수행 정도를 관법으로 삼는 이유에 대해 이런 주장도 있다. 남의 잘못을 보고 자신의 잘못을 고치듯이, 다른 이의 수행내용을 관해서 자신의 모습을 되돌아보고 자신도 그렇게 수행하고자 하는 마음을 내게 하고자 관법으로 삼았다.

그럼, 경전에 언급된 16관법을 보면서 그 순간이라도 극락이 되어보자.

제1관 일상관(日想觀):
지는 해를 생각하다

부처님께서 위제희에게 말씀하셨다.

"그대와 중생들은 마땅히 마음을 집중하고 생각을 한 곳에 모아서 서방을 생각하라. 어떻게 생각하는가. 태어나면서 보지 못하는 이가 아니라면 눈이 있는 사람들은 누구나 해가 지는 것을 볼 것이다. 마땅히 바로 앉아 서쪽을 향해 자세히 해를 생각하여 관하여라. 마음을 굳게 간직하여 생각을 한 곳으로 모아 움직이지 말고 지는 해를 북이 매달린 것같이 보라. 해를 보고 나서도 눈을 감거나 뜨거나 그 영상을 분명하게 하라. 이것을 해를 생각하는 관이라 하고, 최초의 관이라 한다."

『관무량수경』

제2관 수상관(水想觀) :
물, 얼음, 유리, 유리로 된 땅을 생각하다

"다음은 물을 생각하라. 서방 모두가 넓은 물이라 생각하여, 물이 맑고 투명함을 보고, 또 영상을 명료하게 하여 흩어지지 않게 하라. 이미 물을 보고 나면 얼음을 생각하고, 얼음이 투명하게 비침을 보고 난 후 유리를 생각하라. 이 생각이 끝나면 유리로 된 땅의 안팎이 투명하게 비치는 것을 보라. 그 밑에 금강과 칠보로 된 기둥이 땅을 받치고 있다. 그 기둥은 팔각형으로 원만하게 이루어져 있다. 각각의 면은 백 가지 보배로 꾸며져 있고, 각각의 보배구슬에는 천 가지 광명이 있다. 하나하나 광명에는 8만4천 가지 색이 있어 유리 땅을 비추는 것이 억천의 해와 같아서 다 볼 수가 없다. 유리 땅 위에는 황금의 줄로 가로세로 걸쳐 있고, 칠보로 경계를 분명히 나누었다. 하나하나 보배 가운데 5백 가지 빛깔의 광명이 있다. 광명은 마치 꽃과 같다. 또는 별과 달과 같이 허공에 걸리어 광명의 좌대를 이룬다. 광명대 위에는 백 가지 보배로 된 천만 개의 누각이 있다. 광명대의 양쪽에는 각각 백억 개의 꽃으로 된 당번과 한량없는 악기로 장엄되어 있다. 여덟 가지 시원한 바람이 광명으로부터 나와 그 악기를 울리면 고, 공, 무상, 무아의 소리를 연설한다. 이것을 물을 생각하는 관이라 하고, 두 번째 관이다."

『관무량수경』

제3관 지상관(地想觀) :
극락의 땅을 분명하게 생각하다

"이 생각이 이루어질 때에 하나하나 그것을 관해서 더욱 분명하게 관해야 한다. 눈을 감거나 뜨거나 흩어지지 않게 하며, 또 잠잘 때 외에는 항상 이 일을 생각하라. 이와 같이 생각하면 극락세계의 땅을 대강 보았다고 할 수 있다. 만약 삼매를 얻으면 저 국토의 땅을 분명히 본다. 이것은 상세히 설명할 수 없다. 이것을 땅을 생각하는 관이라 하고, 세 번째 관이라 한다."

부처님께서 아난에게 말씀하셨다.
"그대는 나의 말을 가지고 미래 중생 가운데 고통을 벗어나려고 하는 자를 위해 이 땅을 관하는 법을 말해주어라. 만약 이 땅을 관하는 사람은 80억 겁 생사의 죄를 제거하고 몸을 사바세계에 버리고는 반드시 정토에 태어날 것이다. 마음으로 의심하지 말라. 이렇게 관하는 것을 바른 관법이라 하고, 달리 관하는 것을 그릇된 관법이라 한다."

『관무량수경』

제4관 보수관(寶樹觀) : 보배나무를 생각하다

"땅을 생각한 다음에는 보배나무를 관하라. 보배나무를 관할 때는 하나하나를 관하여 일곱 줄로 늘어선 나무를 생각하라. 하나하나의 나무 높이는 8천 유순이다. 그 모든 보배나무에 칠보의 꽃과 잎이 달려 있다. 낱낱의 꽃과 잎은 여러 가지 다른 보배의 색으로 되어 있다. 유리색 가운데서는 금색 광명이 나며, 파려색에서 붉은 광명이 나고, 마노색 가운데서는 자거의 광명이 나며, 자거색 가운데에서는 푸른 진주 광명이 나고, 산호, 호박 등여러 가지 보배로 꾸며져 있다. 묘한 진주 그물은 보배나무 위에 두루 덮여 있다. 낱낱의 나무 위에 일곱 겹의그물이 있고, 하나하나 그물 사이에는 5백여 가지 아름다운 꽃의 궁전이 있다. 마치 범천왕의 궁전과 같다. 여러 하늘 동자들이 저절로 그 가운데 있고, 하나하나의 동자는 5백억 가지 석가비릉가마니 보배로 된 영락의 구슬을 걸고 있다. 그 마니의 광명은 백 유순을 비춘다. 마치 백억의 해와 달이 합한 것과 같아 모두 다 설할 수 없다. 온갖 보배가 사이사이에 섞이어 색 가운데 으뜸이 된다. 이 보배나무는 서로 줄지어 있고, 잎과 잎은 서로 이어져 있다. 잎 사이마다 여러 가지 묘한 꽃이 피어 있고, 꽃에는 자연히 칠보의 열매가 열려 있다. 낱낱의 나뭇잎은 가로세로가 한결같이 25유순이나 된다. 그 잎은 천 가지 색에 백 가지 무늬가 그려져 있어 마치 하늘의 영락과 같다. 여러 가지 묘한 꽃은 염부단금색으로 되어 있어 불바퀴처럼 잎 사이를 돌고 있다. 그리고 우뚝 솟아나 있는 모든 열매는 제석천의 보배병과 같다. 대광명이 변해서 깃발과 무량한 보배일산이 된다. 이 보배일산 가운데 삼천대천세계의 모든 불사를 비추어 나타내고, 시방의 모든 불국토가 또 그 가운데 나타난다. 그 나무를 보고 나서는 또 마땅히 차례대로 낱낱이 줄기 등을 관하라. 나무, 줄기, 잎, 꽃, 열매를 보고 관하여 모두 분명하게 해야 한다. 이것을 나무를 관하는 관이라 하고 네 번째 관이라 한다."

『관무량수경』

제5관 보지관(寶池觀) :
보배연못의 물과 연꽃을 생각하다

"다음에는 보배연못을 생각하라. 보배연못의 물을 생각
한다. 극락국토에 여덟 가지 공덕의 물이 있다. 낱낱 연
못의 물은 칠보로 이루어져 있다. 그 보배물은 부드럽고
유연하며, 여의주왕으로부터 흘러나온다. 이것이 열네
갈래로 나뉘어 흐르는데, 하나하나 갈래는 일곱 가지 보
배의 색으로 된 황금의 개울이 된다. 개울 밑에는 여러
가지 색의 금강으로 된 모래가 깔려 있다. 낱낱의 물 가
운데에는 60억 가지 칠보의 연꽃이 있다. 낱낱의 연꽃은
둥글고 탐스러우며 모두 한결같이 12유순이나 된다. 그
곳 마니의 물은 연꽃 사이로 흐르며 나무를 따라 오르
내리고 있다. 그 소리는 미묘하여 고, 공, 무상, 무아와

여러 바라밀을 연설하고, 또 모든 부처님의 상호를 찬탄한다.

여의주왕으로부터 금색의 미묘한 광명이 솟아나와 백가지 보배 빛깔의 새로 변하여 평화롭고 그윽하게 노래한다. 항상 불법승 삼보를 생각하는 공덕을 찬탄한다. 이것을 팔공덕수를 생각하는 관법이라 하고, 다섯 번째 관이라 한다."

『관무량수경』

제6관 보루관(寶樓觀):
극락의 보배누각을 생각하다

"여러 보배의 국토에 있는 경계마다 5백억 개의 보배누
각이 있고, 그 누각 가운데에 헤아릴 수 없이 많은 천인
들이 천상의 음악을 연주한다. 그 악기들은 하늘의 보배
깃발처럼 허공에 매달려 있고, 두드리지 않아도 저절로
울린다. 그 여러 가지 소리는 부처님을 생각하고 법을
생각하며 비구승들을 생각할 것을 설한다. 이러한 생각
이 이루어지면 극락세계의 보배나무, 보배땅, 보배연못
을 대략 보았다고 한다. 이것을 모든 것을 관하는 법이
라 하고, 여섯 번째 관이라 한다.

　만약 이것을 보는 사람은 무량억겁 동안 지은 아주 무
거운 나쁜 업을 제거하고, 목숨을 마친 후에는 반드시

저 국토에 왕생한다. 이를 생각하여 관하는 것을 바른 관법이라 하고, 달리 생각하여 관하는 것을 그릇된 관법이라 한다."

『관무량수경』

제7관 화좌관(華座觀) :
연꽃을 생각하고, 보배연화대를 생각하다

부처님께서 아난과 위제희에게 말씀하셨다.

"자세히 듣고 자세히 들어 이것을 잘 생각하여라. 나는 마땅히 그대들을 위하여 고뇌를 제거하는 법을 분별하여 설명하리라. 그대들은 잘 기억하여 널리 여러 중생들을 위해 분별하여 설명해주어라."

이 말씀을 하실 때 무량수불은 공중에 머물러 계시고 관세음보살과 대세지보살 두 보살은 좌우에서 모시고 있었다. 그 광명은 눈부시게 빛나 바로 바라볼 수 없었으며, 백천 가지 염부단금의 빛깔로 되어 비교할 수 없었다. 그때 위제희는 무량수불을 뵙고 그 발 아래 예배드리고 나서 부처님께 여쭈었다.

"부처님이시여, 제가 이제 부처님의 힘에 의해 무량수불 및 두 보살을 뵐 수 있습니다만, 미래의 중생은 참으로 어떻게 해야 무량수불 및 두 보살을 뵐 수 있겠습니까?"

부처님께서 위제희에게 말씀하셨다.
"저 부처님을 뵙고자 하는 사람은 마땅히 생각을 일으켜 칠보의 땅 위에 연꽃을 생각하라. 그 연꽃 하나하나의 잎에는 백 가지 보배의 색이 있고, 8만4천 가지 줄기가 있다. 마치 천상의 그림과 같다. 줄기에는 8만4천 가지 광명이 있는 것을 분명하게 보도록 해라. 꽃잎이 작은 것도 가로세로 250유순이나 된다. 이와 같은 연꽃에 8만4천 개의 잎이 있고, 낱낱의 잎 사이에는 백억 개의 마니주왕으로 장식되어 있다. 하나하나의 마니주는 천 가지 광명을 발한다. 그 광명이 일산과 같으며, 칠보로 이루어져 두루 땅 위를 덮고 있다. 석가비릉가의 보배로 된 연화대가 있다. 연화대는 8만의 금강석과 견숙가보와 범마니보와 묘한 진주의 그물로 장엄되어 있다. 그 연화대 위에는 네 개의 보배기둥이 저절로 있다. 하나하나의 보배기둥은 백천만 개의 수미산과 같다. 그 보배기 등 위의 보배휘장은 야마천의 궁중과 같은데 5백억 개의 미묘한 보배구슬로 장식되어 있다. 낱낱의 보배구슬에는 8만4천 가지 광명이 있고, 낱낱의 광명에는 8만4천 가지 색다른 금색을 지니고 있다. 하나하나의 금색은 그 보배땅 위에 두루하여 곳곳마다 변화하여 가지가지 다른 모습을 이룬다. 혹은 금강대가 되고 혹은 진주 그물이 되며 혹은 여러 가지 꽃구름이 되기도 하여 온갖 방면에서 마음대로 모습을 바꾸어 불사를 이룬다. 이것을 연화대를 생각하는 관이라 하고, 일곱 번째 관이라 한다."

부처님께서 아난에게 말씀하셨다.

"이와 같은 묘한 꽃은 본래 법장비구의 원력으로 이루어졌다. 만약 저 부처님을 생각하고자 하면 저 연화대를 생각하라. 이 생각을 할 때에는 다른 번잡한 관을 하지 말고 하나하나 관하라. 하나하나의 잎, 하나하나의 구슬, 하나하나의 광명, 하나하나의 연화대, 하나하나의 기둥을 모두 분명하게 하여 거울 속의 자기 얼굴을 보는 것처럼 하라. 이 생각을 이루는 사람은 5만 겁 생사의 죄를 제거하여 반드시 극락세계에 태어난다. 이렇게 생각하여 관하는 것을 바른 관법이라 하고, 달리 생각하여 관하는 것을 그릇된 관법이라 한다."

『관무량수경』

제8관 상관(像觀):
연화대 위의 삼존불상을 생각하다

부처님께서 아난과 위제희에게 말씀하셨다.

"이 일을 다 보았으면 다음은 부처님을 생각하라. 어찌 그런가. 모든 부처님은 법계신이고, 일체 중생의 마음 가운데 들어 계신다. 그러므로 그대들이 마음으로 부처님을 생각할 때 이 마음이 곧 32상과 80수형호이며, 이 마음으로 부처님을 이루고 이 마음이 곧 부처님이다. 모든 부처님의 바른 지혜는 마음으로부터 생긴다. 그러므로 마땅히 일심으로 생각을 집중시켜 자세히 저 부처님 여래 응공 정변지를 관하라. 저 부처님을 생각하는 사람은 먼저 반드시 부처님의 형상을 생각하여 눈을 감거나 뜨거나 하나의 보배스러운 부처님 모습이 염부단금색처럼 저 연화대 위에 앉아 계신 것을 보아라. 이와 같이 부처님의 형상을 보고 나면 마음의 눈이 열려서 저 극락세계에 있는 칠보로 장엄된 보배땅과 보배연못, 보배나무가 줄지어 있고, 천상의 보배휘장이 그 위에 가득 드리워져 있고, 또 여러 가지 보배그물이 허공 가운데 가득한 것을 분명히 보게 된다.

이와 같은 일을 볼 때 손바닥을 보듯이 분명하게 하라. 이 일을 다 보고 나면 다시 하나의 큰 연꽃을 생각하여 부처님의 왼쪽에 있다고 생각하라. 그것은 앞에서 말한 연꽃과 다르지 않다. 그리고 또 한 송이 커다란 연꽃이 부처님의 오른쪽에 있다고 생각하라. 한 분의 관세음보살의 형상이 왼쪽 연화대에 앉아 있다고 생각하라. 그 형상에서 부처님과 다름없이 금색 광명을 발한다. 또 한 분의 대세지보살의 형상이 오른쪽 연화대에 앉아 있다고 생각하라. 그 생각이 이루어질 때 부처님과 두 보살의 형상은 모두 광명을 발한다. 그 광명이 금색으로 모든 보배나무를 비춘다. 하나하나의 나무 밑에는 세 송이의 연꽃이 있다. 모든 연꽃 위에는 각각 한 부처님, 두 보살의 형상이 있어 저 국토에 두루 가득 찬다.

이와 같은 생각이 이루어질 때 수행자는 흐르는 물과

광명과 모든 보배나무와 기러기와 원앙새 등이 미묘한 법을 설하는 것을 듣는다. 선정에서 나올 때나 선정에 들었을 때나 항상 미묘한 법을 들으니, 수행자는 들은 바를 선정에서 나왔을 때 잘 기억하여 잊어버리지 말고 경전과 맞추어보아라. 만약 경전과 맞지 않을 때는 이를 망상이라 하고, 맞으면 거친 생각으로 극락세계를 보았다고 한다.

이것이 부처님의 형상을 생각하는 관으로 여덟째 관이라 한다. 이 관을 하는 사람은 무량억겁 생사의 죄를 제거하고 현재 몸 가운데 염불삼매를 얻는다."

『관무량수경』

제9관 진신관(眞身觀):
아미타불의 진실신(眞實身)을 생각하다

부처님께서 아난과 위제희에게 말씀하셨다.

"이러한 생각이 이루어지고 나면 이어서 다음에는 무량수불의 몸과 광명을 관하라. 아난아, 마땅히 알아라. 무량수불의 몸은 야마천 염부단금색의 백천만억 배로 빛나고, 부처님 몸의 높이는 60만억 나유타 항하사 유순이다. 양 눈썹 사이의 백호는 오른쪽으로 돌아 있는데, 다섯 개의 수미산과 같다. 부처님 눈은 사대해의 물과 같이 청정하여 푸르고 흰 것이 분명하다. 몸의 모든 털구멍으로부터 수미산 같은 광명이 나온다. 저 부처님의 둥근 광명은 마치 백억의 삼천대천세계와 같고, 둥근 광명 가운데 백억 나유타 항하의 모래 수와 같이 많

은 화신불이 계신다. 하나하나의 화신불에 또 여러 화신
보살이 모시고 있다. 무량수불에게는 8만4천 상호가 있
고, 낱낱의 상호에 각 8만4천 가지 수형호가 있고, 낱낱
의 수형호에는 8만4천 가지 광명이 있다. 하나하나의 광
명이 두루 시방세계를 비추어 염불하는 중생을 거두시
고 버리지 않으신다. 이 광명과 상호와 화신불은 이루
다 말할 수 없다. 오로지 깊이 생각하여 마음으로 밝게
보도록 하라.

　이것을 보는 것은 시방의 모든 부처님을 보는 것이며,
모든 부처님을 보기 때문에 염불삼매라 한다. 이렇게 생
각하여 관하는 것을 모든 부처님의 몸을 관한다고 하고,
부처님 몸을 관하기 때문에 부처님 마음을 본다. 부처
님 마음이란 대자비다. 그러므로 무연의 자비로써 모든
중생을 구제하신다. 이와 같이 관하는 사람은 몸을 다
른 세계에 버리고 여러 부처님 앞에 태어나 무생법인을
증득한다. 그러므로 지혜로운 이는 마음을 집중하여 무
량수불을 자세히 관하라. 무량수불을 관한다면, 한 가지
상호씩 관해가야 한다. 제일 먼저 눈썹 사이의 백호를
관하되 지극히 명료하게 하라. 눈썹 사이의 백호를 보면
8만4천 가지 상호를 저절로 본다. 또 무량수불을 관하

면 시방의 한량없는 부처님을 본다. 한량없는 부처님을
보기 때문에 모든 부처님 앞에서 수기를 받는다. 이것
을 모든 색신을 널리 관한다 하고, 아홉째 관이라 한다.
이렇게 생각하여 관하는 것을 바른 관법이라 하고, 달리
생각하여 관하는 것을 그릇된 관법이라 한다."

『관무량수경』

제10관 관음관(觀音觀) :
관세음보살의 진실신을 생각하다

부처님께서 아난과 위제희에게 말씀하셨다.

"무량수불을 분명히 보고 나서는 이어서 또 관세음보살을 관하라. 이 보살의 신장은 80만억 나유타 유순이다. 몸은 자금색으로 정수리에 육계가 있다. 머리에는 둥근 광명이 있는데 지름이 백천 유순이다. 그 둥근 광명 가운데 석가모니부처님과 같은 5백 분의 화신불이 계신다. 한 분 한 분의 화신불에 5백 분의 화신보살이 있다. 또 헤아릴 수 없는 모든 천인들이 모시고 있다. 온몸에서 나온 광명 가운데는 오도 중생의 모든 현상이 그 가운데 나타난다. 머리 위에는 비릉가마니 보배로 된 천관이 있다. 그 천관 속에 한 분의 화신불이 계시는데, 높이가 25유순이다. 관세음보살의 얼굴은 염부단금색과 같고, 눈썹 사이의 백호상에는 칠보로 된 색을 갖추어 8만4천 가지 광명을 낸다. 하나하나의 광명에 무량무수 백천의 화신불이 계시고, 낱낱의 화신불은 무수한 화신 보살이 모시고 있다. 자재하게 변하여 시방세계에 가득 나타낸다. 비유하면 붉은 연꽃색과 같이 80억 가지 광명으로 된 영락을 하고 있고, 그 영락 가운데 널리 모든 장엄을 나타낸다. 손바닥에는 5백억이나 되는 여러 가지 연꽃색을 띠고, 그 열 손가락 하나하나에는 도장 문양과 같은 8만4천 가지 그림이 있고, 하나하나의 그림에는 8만4천 가지 광명이 있다. 그 광명은 유연하여 널리 모든 것을 비춘다. 이 보배손으로 중생들을 인도한다.

발을 들 때에는 발밑에 천 개의 바퀴살로 된 바퀴의 모습이 있어 저절로 변화하여 5백억 개의 광명대를 이룬다. 발을 내릴 때에는 금강마니꽃이 있어 모든 곳에 두루 흩어져 가득하다. 그 나머지 몸의 모습은 여러 가지 상호로 구족하여 부처님과 같아 다름이 없다. 오직 머리 위의 육계와 무견정상(無見頂相)[정수리를 볼 수 없는 특징]만 세존께 미치지 못한다. 이것을 관세음보살의 진실한 색신을 관하다 하고 열 번째 관이라 한다."

부처님께서 아난에게 말씀하셨다.

"만약 관세음보살을 관하고자 한다면 마땅히 이렇게 관하라. 이렇게 관하면 모든 재앙을 만나지 않고, 업장이 깨끗이 제거되며, 무수한 겁 동안 지은 생사의 죄를 없앤다. 이와 같이 이 보살의 이름을 듣는 것만으로 무량한 복을 얻는데 하물며 자세히 관함이랴. 만약 관세음보살을 관하고자 하는 사람이 있다면 먼저 머리 위의 육계상을 관하고 이어 천관을 관하라. 그 나머지 여러 상을 차례로 관하여 손바닥을 보는 것같이 분명하게 하라.

이렇게 관하는 것을 바른 관법이라 하고, 달리 관하는 것을 그릇된 관법이라 한다."

『관무량수경』

제11관 세지관(世至觀) :
대세지보살의 진실신을 생각하다

"다음에는 대세지보살을 관하라. 이 보살은 몸의 크기는 관세음보살과 같다. 둥근 광명의 직경은 각각 250유순으로 250유순을 비춘다. 온몸의 광명[거신광]은 시방 국토를 자금색으로 만든다. 인연 있는 중생은 다 볼 수 있다. 단지 이 보살 몸에 있는 하나의 털구멍에서 나온 광명을 보면 곧 시방에 계신 한량없는 모두 부처님의 깨끗하고 묘한 광명을 본다. 그러므로 이 보살을 무변광이라 이름한다. 또 지혜의 광명으로 널리 모든 것을 비추어 삼악도를 여의게 하는 위없는 힘을 얻기 때문에 이 보살을 대세지라 한다. 이 보살의 천관에 5백 가지 보배꽃이 있다. 하나하나 보배꽃에는 보배좌대가 있다. 하나하나 좌대 가운데에는 시방 모든 부처님의 깨끗하고 미묘한 국토의 광대한 모양이 그 가운데 나타난다. 머리 위의 육계는 발두마꽃과 같으며, 그 육계 위에는 하나의 보배병이 있어 온갖 광명이 가득하여 두루 부처님 일[불사(佛事)]을 나타낸다. 이 밖에 몸의 여러 상은 관세음보살과 같고 다름이 없다.

이 보살이 다닐 때는 시방세계가 모두 진동한다. 땅이 움직이는 곳에는 5백억 가지 보배꽃이 있다. 하나하나 보배꽃의 장엄과 고상함이 극락세계와 같다. 이 보살이 앉을 때에는 칠보로 된 국토가 일시에 동요하여 광명왕불 국토에 이르기까지 이른다. 그 가운데 무량무수한 아미타불의 분신과 관세음보살, 대세지보살의 분신들이 구름과 같이 극락국토에 모여 허공 가득히 연화대에 앉아 미묘한 법을 연설하여 고해의 중생을 제도하신다. 이것을 대세지보살의 색신을 관하는 것이라 하고 열한 번째 관이라 한다.

이 보살을 관한다면 무량 아승지겁의 생사 죄를 제거하고, 이렇게 관하면 태중에 들지 않고 모든 부처님의 깨끗하고 묘한 국토에 항상 지낸다. 이 관이 이루어지면 관세음과 대세지를 관했다고 한다. 이렇게 관하는 것을

바른 관법이라 하고, 달리 관하는 것을 그릇된 관법이라
한다."

『관무량수경』

제12관 보관(普觀):
자신이 정토에 왕생하는 모습을 생각하다

"이것을 관할 때는 마땅히 자기 마음을 일으켜서 자기가 서방극락세계에 태어나서 연꽃 가운데에 결가부좌를 하는데, 연꽃이 오므라든다는 생각을 하고, 또 연꽃이 핀다는 생각을 하라. 연꽃이 필 때에 5백 가지 광명이 나와 자기 몸을 비춘다고 생각하고, 또 자기 눈을 뜨게 한다고 생각하라. 모든 부처님과 보살이 허공에 가득함을 본다. 물과 새와 나무와 모든 부처님의 음성이 모두 미묘하고 심오한 법을 설한다. 십이부경과 꼭 맞다. 선정에서 나올 때에 잘 기억하여 잊지 말도록 하라. 이러한 일을 본다면 무량수불의 극락세계를 본다고 이름한다. 이것을 두루 관하는 것이라 하고 열두 번째 관이라

한다. 무량수불의 무수한 화신과 관세음, 대세지가 함께
항상 이 수행인의 처소에 오신다."

『관무량수경』

제13관 잡상관(雜想觀) :
모든 국토에 나툰 삼존불을 생각하다

부처님께서 아난과 위제희에게 말씀하셨다.

"만약 지극한 마음으로 서방에 태어나고자 하면 먼저
마땅히 1장6척의 불상이 연못 위에 있는 것을 관하라.
앞에서 말한 바와 같이 무량수불의 몸은 끝이 없어 범
부의 마음으로 미칠 바가 되지 않는다. 그러나 저 부처
님께서 세운 과거세의 원력에 의해 생각하고자 한다면
반드시 성취할 수 있다. 단지 불상을 생각하는 것만으
로 무량한 복을 얻는데 하물며 부처님께서 구족하신 몸
의 상호를 관함이랴. 아미타부처님께서는 신통으로 자
재하게 시방 국토에 변화하여 나타나신다. 혹은 큰 몸을
나타내어 허공 가운데 가득하기도 하고, 혹은 작은 몸을

나타내어 1장 6척 또는 8척으로 나타난다. 나타내는 형상은 모든 진금색이고, 둥근 광명 속의 화신불 및 보배 연꽃은 위에서 설한 바와 같다. 관세음보살 및 대세지보살은 어디서나 똑같은 모습이다. 중생이 단지 머리 모습만 보고도 이분은 관세음보살, 이분은 대세지보살이라고 안다. 이 두 보살은 아미타불을 도와서 두루 모든 중생을 교화한다. 이것을 섞어 생각하는 관이라 하고 열세 번째 관이라 한다."

『관무량수경』

제14관 상배관(上輩觀):
많은 공덕을 쌓은 상배를 생각하다

부처님께서 아난과 위제희에게 말씀하셨다.

"[서방에 태어남에 구품인이 있다.] 상품상생을 말해
보자. 중생이 저 국토에 태어나고자 원하면 세 가지 마
음을 일으켜야 한다. 그러면 곧 왕생한다. 무엇을 세 가
지라 하는가. 첫째는 지극히 정성스러운 마음[지성심
(至誠心)], 둘째는 깊은 마음[심심(深心)], 셋째는 회향
하고 발원하는 마음[회향발원심(回向發願心)]이다. 이
세 가지 마음을 갖춘다면 반드시 저 국토에 태어난다.
또 세 종류의 중생은 마땅히 왕생할 수 있다. 무엇이 셋
인가. 첫째는 사랑하는 마음으로 살생하지 않고 모든 계
를 갖춘다. 둘째는 대승방등경전을 독송한다. 셋째는 육

념[불법승, 계율, 보시, 천상을 생각함]을 수행한다. 이 공덕을 갖추어서 회향하여 저 국토에 태어나고자 발원한다. 하루 내지 이레 동안 하면 곧 왕생할 수 있다. 저 국토에 태어날 때 이 사람은 용맹하게 정진하기 때문에, 아미타여래, 관세음보살, 대세지보살, 무수한 화신불, 백천의 비구와 성문 대중, 무수한 천인, 칠보궁전이 함께한다. 관세음보살은 금강대를 가지고 대세지보살과 함께 수행자 앞에 이르며, 아미타불께서는 대광명을 내어 수행자의 몸을 비추며 모든 보살과 함께 손을 내밀어 영접하신다. 그때 관세음보살, 대세지보살 등 무수한 보살은 다함께 수행자를 찬탄하고 그 마음을 격려한다. 수행자는 이를 보고 나서 뛸듯이 기뻐하며 스스로 자기 몸을 돌아보면, 이미 금강대를 타고 부처님의 뒤를 따라서 손가락을 한 번 튕기는 사이에 저 국토에 왕생한다. 극락세계에 태어나서 상호가 원만한 부처님 색신을 뵙고, 원만한 여러 보살을 본다. 광명과 보배나무에서 미묘한 법을 연설한다. 이를 듣고서 곧 무생법인을 깨닫는다. 잠깐 사이에 두루 시방세계를 다니면서 모두 부처님을 섬기고, 모든 부처님 앞에서 수기를 받고 본국에 돌아와서 무량한 백천 다라니를 얻는다. 이것을 상품상생이라 한다."

"상품중생을 말해보자. 반드시 방등경전을 받아 지니
거나 독송하지 않는다 하더라도 뜻을 잘 알아서 제일
의 진리에도 놀라지 않고, 인과를 깊이 믿어 대승을 비
방하지 않는다. 이 공덕을 회향하여 극락국토에 태어나
고자 원한다. 이 수행을 한 자는 목숨이 다하려 할 때 아
미타불께서는 관세음보살, 대세지보살 등 무량한 대중
권속들에게 둘러싸여 자금대를 가지고 수행자 앞에 와
서 찬탄하여 말씀하신다. '진리의 아들아, 그대는 대승
법을 행하고 제일의 진리를 아는 까닭에 내가 지금 그
대를 영접하느니라.' 천 분의 화신불과 함께 일시에 손
을 내미신다. 수행자가 스스로를 돌아보면 자금대에 앉
아 있다. 합장하여 모든 부처님을 찬탄하고, 한 생각 사
이에 저 국토의 칠보 연못 가운데 태어난다. 이 자금대
는 큰 보배꽃과 같고 하룻밤을 지나면 곧 꽃잎이 펼쳐
진다. 수행자의 몸은 자마금색으로 빛나고, 발밑에는 또
칠보의 연꽃이 있다. 부처님과 보살들은 광명을 발하여
수행자의 몸을 비추면 바로 눈이 열려 밝아진다. 전세
의 숙업에 의해서 매우 깊은 제일의 진리를 설하는 여

러 소리를 듣는다. 곧 금강대에서 내려와 부처님께 합장하여 예배하고 세존을 찬탄한다. 7일이 지나면 아뇩다라삼약삼보리에 대해 불퇴전의 지위를 얻는다. 때에 맞춰 곧 두루 시방세계를 날아가서 모든 부처님을 섬긴다. 여러 부처님 처소에서 모든 삼매를 닦다가 1소겁을 지나 무생법인을 얻고 현전에서 수기를 받는다. 이것을 상품중생이라 한다."

"상품하생을 말해보자. 역시 인과를 믿고 대승을 비방하지 않고 다만 위없는 도심을 일으킨다. 이러한 공덕으로 회향하여 극락국토에 태어나고자 원한다. 이 수행자가 목숨이 다하려 할 때, 아미타불께서는 관세음보살, 대세지보살 등 모든 권속과 함께 금련화를 가지고 5백의 화신불로 나투어 이 사람을 영접하신다. 5백 화신불은 일시에 손을 내밀어 칭찬하여 말씀하신다. '법의 아들아, 그대는 이제 청정하게 위없는 도를 구하는 마음을 내었기에 내가 그대를 맞이하러 왔노라.' 수행자가 이러한 일을 뵙고 곧 스스로 자기 몸을 보면 황금의 연꽃에 앉아 있다. 앉고 나면 꽃은 오므라들어 세존의 뒤를 따라서 칠보연못 가운데 왕생한다. 하루 낮 하룻밤을 지나

면 연꽃은 활짝 피어나고, 7일 후에 부처님을 뵐 수 있
다. 비록 부처님 몸을 뵙지만, 여러 상호는 분명하게 뵐
수 없다. 21일을 지난 후에야 비로소 분명히 뵙는다. 미
묘한 법을 설하는 여러 소리를 듣는다. 시방세계를 다니
면서 여러 부처님을 공양한다. 여러 부처님 앞에서 매우
심오한 법을 듣는다. 3소겁을 지나서 백법명문을 얻고
환희지에 머문다. 이것을 상품하생이라 한다. 이상이 상
품들이 왕생하는 것을 관하다고 하고, 열네 번째 관이라
한다."

『관무량수경』

제15관 중배관(中輩觀):
계율을 지키고 공덕을 쌓은 중배를 생각하다

부처님께서 아난과 위제희에게 말씀하셨다.

"중품상생을 말해보자. 만약 어떤 중생이 오계와 팔계
와 모든 계를 받아 지키고 오역죄를 범하지 않고 아무
런 허물이 없으며 이 선근을 회향해서 서방극락세계에
태어나기를 원한다면, 이 수행자가 목숨이 다하려 할 때
아미타부처님께서는 모든 비구와 권속들에게 둘러싸여
금색의 광명을 발하여 그 사람의 처소에 오셔서 고, 공,
무상, 무아를 연설하시고, 출가하여 모든 괴로움을 여읜
것을 찬탄하신다. 수행자는 부처님을 뵙고 나서 마음으
로 크게 기뻐하면서 스스로 자기 모습을 본다. 연화대에
앉아 무릎을 꿇고 합장하여 부처님께 예배하고, 아직 머

리를 들기도 전에 극락세계에 왕생한다. 그때 연꽃이 핀다. 연꽃이 필 때 사성제를 찬탄하는 모든 소리를 듣는다. 때에 맞춰 곧 아라한도를 얻고 삼명과 육신통과 팔해탈을 갖추게 된다. 이것을 중품상생이라 한다."

"중품중생을 말해보자. 만약 어떤 중생이 하루 밤낮 동안 팔재계를 혹은 사미계를 혹은 구족계를 지켜서 위의에 조금도 부족함이 없으며, 이러한 공덕을 회향하여 극락세계에 태어나기를 원한다면, 계의 향기가 몸에 밴 이러한 수행자가 목숨이 다하려 할 때, 아미타불께서 많은 권속들을 거느리시고 금색 광명을 발하여 칠보의 연꽃을 가지고 수행자 앞에 오시는 것을 본다. 수행자는 공중으로부터 찬탄하는 소리를 스스로 듣는다. '선남자여, 그대와 같이 착한 사람은 삼세 모든 부처님의 가르침에 순종하고 따랐기에 내가 와서 그대를 맞이하노라.' 수행자는 스스로 자기를 본다. 연꽃 위에 앉자 연꽃은 곧 오므라들어 서방극락세계 보배연못 가운데 태어난다. 7일이 지나 연꽃이 핀다. 그 연꽃이 피면 눈이 열리어 합장하고 세존을 찬탄한다. 법을 듣고 환희하여 수다원과를 얻고 반겁이 지나면 아라한과를 이룬다. 이것을 중품중생이라 한다."

"중품하생을 말해보자. 만약 선남자 선여인이 부모님에게 효도하고 세상의 어진 일과 자비를 행한다면, 이 사람이 목숨이 다하려 할 때 그를 위해 널리 아미타불 국토의 즐거운 일을 설하고, 또 법장비구의 48원을 설하는 선지식을 만난다. 이러한 일을 듣고는 곧 목숨이 다하여, 가령 힘센 장사가 팔을 한 번 굽혔다 펴는 사이에 곧 서방극락세계에 태어난다. 태어나서 7일이 지나면 관세음보살과 대세지보살을 만난다. 법을 듣고 기뻐하며 수다원과를 얻고, 1소겁을 지나 아라한과를 이룬다. 이것을 중품하생이라 한다. 이상이 중품들이 왕생하는 생각이라 하며 열다섯 번째 관이라 한다."

『관무량수경』

제16관 하배관(下輩觀) :
악업을 짓고 지성으로 염불한 하배를 생각하다

부처님께서 아난과 위제희에게 말씀하셨다.

"하품상생을 말해보자. 혹은 어떤 중생이 여러 가지 악업을 지었다. 비록 방등경전을 비방하지 않는다 하더라도 이와 같은 어리석은 사람은 온갖 많은 악을 지으면서도 뉘우칠 줄 모른다. 목숨이 다하려 할 때 대승 십이부경의 제목만을 찬탄하는 선지식을 만난다. 모든 경의 이름을 듣는 공덕으로 천 겁 동안 지은 아주 무거운 악업이 소멸된다. 지혜로운 자가 또한 합장하며 나무아미타불을 부르도록 가르친다. 부처님 명호를 부르는 공덕에 의해 50억 겁 생사의 죄가 제거된다. 그때 저 부처님께서 곧 화신불, 화신관세음보살, 화신대세지보살을 수행자 앞에 보내어 칭찬하신다. '선남자여, 그대는 부처님 명호를 부른 까닭에 여러 가지 죄업이 소멸되어 내가 그대를 맞이하러 왔노라.' 이 말이 끝나면 수행자는 곧 화신불의 광명이 그 방안에 가득한 것을 본다. 보고 나서 기쁨에 넘치고, 이내 목숨이 다하여 보배연꽃을 타고 화신불 뒤를 따라 보배연못 가운데 태어난다. 49일이 지나면 연꽃이 핀다. 꽃이 필 때에는 자비로운 관세음보살과 대세지보살이 대광명을 비추며 그 사람 앞에 머물러 매우 심오한 십이부경을 설한다. 듣고 나서 믿고 받들며 위없는 도를 구하는 마음을 내어 10소겁을 지나서 백법명문을 갖추어 초지(初地)에 든다. 이것을 하품상생이라 한다. 부처님 명호와 법의 이름과 승가의 이름 등 삼보의 이름을 듣는 공덕으로 왕생한다."

부처님께서 아난과 위제희에게 말씀하셨다.

"하품중생을 말해보자. 혹은 어떤 중생이 오계, 팔계 및 구족계 등을 범한다. 이 어리석은 사람은 승단의 물건을 훔치고, 현재 스님의 물건을 훔치며, 부정하게 법을 설하고도 뉘우치거나 부끄러워할 줄 모르고, 모든 악한 업을 짓고도 스스로 잘한 일이라 한다. 이와 같은 죄인은 악업으로 인해 지옥에 떨어진다. 목숨이 다하려 할 때 지옥의 맹렬한 불이 일시에 몰려든다. 선지식이 대자비로 이 사람을 위하여 아미타부처님의 열 가지 위신력을 찬탄하고, 저 부처님의 광명과 신통력을 찬탄하며, 또 계, 정, 혜, 해탈, 해탈지견 등을 찬탄한다. 이 사람이 듣고서 80억 겁 생사의 죄가 없어지고, 지옥의 맹렬한 불은 시원한 바람으로 변하여 여러 가지 하늘의 꽃을 날린다. 모든 꽃 위에는 화신부처님, 화신보살이 계시어 이 사람을 맞이한다. 일념 사이에 바로 칠보 연못 가운데 있는 연꽃 속에 왕생한다. 6겁을 지나면 연꽃이 핀다. 연꽃이 필 때 관세음보살과 대세지보살이 청정한 음성으로 그를 위로하고 대승의 심오한 경전을 설한다. 이 법을 듣고 나서 때에 맞춰 위없는 도를 구하려는 마음을 낸다. 이것을 하품중생이라 한다."

부처님께서 아난과 위제희에게 말씀하셨다.

"하품하생을 말해보자. 어떤 중생이 착하지 못한 업을 짓는다. 오역죄와 십악 등 여러 착하지 못한 악업을 갖춘다. 이와 같은 어리석은 사람은 악업 때문에 마땅히 악도에 떨어져서 많은 세월 한없는 괴로움을 받는다. 이 어리석은 사람은 목숨이 다하려 할 때 선지식을 만난다. 여러 가지로 편안하게 위로하고 그를 위하여 미묘한 법을 설하고 부처님을 생각하도록 권하지만, 이 사람은 고통에 시달려 부처님을 생각할 틈이 없다. 선지식은 다시 말한다. '그대가 만약 부처님을 생각할 수 없으면 나무아미타불을 불러라.' 이와 같이 지극한 마음으로 소리가 끊어지지 않게 하여 십념을 구족하여 나무아미타불을 부르면, 부처님의 명호를 부르는 까닭에 생각 생각 가운데 80억 겁 생사의 죄가 제거된다. 그리고 목숨이 다할 때 그 사람 앞에 머물러 있는 태양과 같은 황금의 연꽃을 본다. 곧 한 생각 사이에 극락세계의 연꽃 속에 왕생한다. 12대겁이 지나서 연꽃이 핀다. 연꽃이 필 때 관세음보살, 대세지보살이 대자비의 음성으로 그를 위하여 널리 모든 법의 실상과 죄를 없애는 법을 설한다. 듣고 나서 기쁨에 넘쳐 때에 맞춰 곧 보리심을 낸다. 이것을 하품하생이라 한다.

이상이 하품들이 왕생하는 생각이라 하고 열여섯 번째 관이라 한다."

『관무량수경』

참고문헌

원전

- 구마라집스님 역, 『불설아미타경』, 대정장12.
- 강승개스님 역, 『무량수경』, 대정장12.
- 강량야사스님 역, 『관무량수경』, 대정장12.
- 현장스님 역, 『칭찬불정토섭수경』, 대정장12.
- 구담승가제바스님 역, 『증일아함경』, 대정장2.
- 담무참스님 역, 『비화경』, 대정장3.
- 축불념스님 역, 『출요경』, 대정장4.
- 구마라집스님 역, 『마하반야바라밀경』(『팔천송반야경』), 대정장8.
- 구마라집스님 역, 『묘법연화경』, 대정장9.
- 반야다라스님 역, 『대방광불화엄경(40권)』, 대정장10.
- 실차난타스님 역, 『대방광불화엄경(80권)』, 대정장10.
- 담무참스님 역, 『대반열반경』, 대정장12.
- 담무갈스님 역, 『관세음보살수기경』, 대정장12.
- 구마라집스님 역, 『유마힐소설경』, 대정장14.
- 가범달마스님 역, 『천수천안관세음보살광대원만무애대비심다라니경』, 대정장20.

- 역자 모름, 『나선비구경』, 대정장32.

- 역자 모름, 『관세음보살왕생정토본연경』, 만속장경87.

- 마명보살 저, 『대승기신론』, 대정장32.

- 용수보살 저, 『대지도론』, 대정장25.

- 용수보살 저, 『십주비바사론』, 대정장26.

- 무착보살 저, 『섭대승론』, 대정장31.

- 반수반두(세친보살) 저, 『무량수경우바제사원생게』, 대정장26.

- 세친보살 저, 『섭대승론석』, 대정장31.

- 담란스님 저, 『왕생론주』, 대정장40.

- 도작스님 저, 『안락집』, 대정장47.

- 선도스님 저, 『관무량수불경소』, 대정장37.

- 선도스님 저, 『왕생예찬』, 대정장47.

- 지의스님 저, 『불설관무량수불경소』, 대정장37.

- 원효스님 저, 『무량수경종요』, 한국불교전서1, 대정장37.

- 원효스님 저, 『불설아미타경소』, 한국불교전서1, 대정장37.

- 원효스님 저, 『유심안락도』, 한국불교전서1, 대정장47.

- 의적스님 저, 『무량수경술의기』, 한국불교전서2.

- 경흥스님 저, 『무량수경연의술문찬』, 한국불교전서2, 대정장37.

- 제관스님 저, 『천태사교의』, 한국불교전서4, 대정장46.

- 명연스님 저, 『염불보권문』, 한국불교전서9.

- 백암스님 저, 『정토보서』, 한국불교전서8.

- 법연스님 찬, 『선택본원염불집』, 대정장83.

- 종보스님 편, 『육조대사법보단경』, 대정장48.

- 요혜스님 저, 『무량수경초』, 정토종전서14.

번역서 및 저서

- 경전연구모임 편, 『아미타경 외』, 불교시대사, 1991.
- 광덕스님 역, 『지송보현행원품』, 불광출판부, 1991.
- 김종진 옮김, 백암성총 스님 저, 『정토보서』, 동국대학교출판부, 2010.
- 김현준, 『미타신앙 미타기도법』, 효림, 2001.
- 김호성 책임번역, 야나기 무네요시 지음, 『나무아미타불』, 모과나무, 2017.
- 목경찬, 『대승기신론 입문』, 불광출판사, 2018.
- 목경찬, 『부처님께 다가가는 방법』, 조계종출판사, 2010.
- 목경찬, 『사찰, 어느 것도 그냥 있는 것이 아니다』, 조계종출판사, 2008.
- 목경찬, 『유식불교의 이해』, 불광출판사, 2012.
- 보운스님 옮김, 도작스님 저, 『안락집』, 혜안, 2013.
- 석효란스님, 『정토삼부경 강설』, 경서원, 2001.
- 성재헌 외 옮김, 『미륵상생경종요 외』, 동국대학교출판부, 2017.
- 이민수 역, 일연스님 저, 『삼국유사』, 을유문화사, 1983.
- 이태원스님, 『염불의 원류와 전개사』, 운주사, 1998.
- 이태원스님, 『왕생론주 강설』, 운주사, 2003.
- 이태원스님, 『정토삼부경 역해』, 운주사, 2016.
- 이태원스님 역, 平井俊榮 저, 『정토삼부경개설』, 운주사, 1992.

- 이태원스님, 『정토의 본질과 교학발전』, 운주사, 2006.
- 장휘옥, 『정토불교의 세계』, 불교시대사, 1996.
- 정승석 역, 平川彰 외 저, 『대승불교개설』, 김영사, 1984.
- 정우영·김종진 옮김, 명연스님 저, 『염불보권문』, 동국대학교출판부, 2012.
- 청화스님 옮김, 광전스님 엮음, 『정토삼부경』, 광륜, 2007.
- 한명숙 옮김, 경흥스님 저, 『무량수경연의술문찬』, 동국대학교출판부, 2014.
- 한보광스님 역, 平井俊榮 저, 『정토교개론』, 홍법원, 1984.
- 해주스님 역주, 『정선 원효』, 대한불교조계종 한국전통사상서 간행위원회 출판부, 2009.
- 현송스님 편저, 『정토불교의 역사와 사상』, 운주사, 2014.
- 혜봉스님 역주, 원효스님 저, 『유심안락도』, 운주사, 2015.

정토, 이야기로 보다

초판 1쇄 발행 2020년 1월 6일

지은이	목경찬
펴낸이	오세룡
기획·편집	이연희 김영미 박성화 손미숙 김정은
취재·기획	최은영 곽은영
디자인	남미영
	고혜정 김효선 장혜정
홍보·마케팅	이주하
펴낸 곳	담앤북스
	서울특별시 종로구 새문안로 3길 23 경희궁의 아침 4단지 805호
	대표전화 02)765-1251 전송 02)764-1251
	전자우편 damnbooks@hanmail.net

ISBN 979-11-6201-202-4 (03220)
정가 14,000원

이 도서의 국립중앙도서관 출판예정도서목록(CIP)은
서지정보유통지원시스템 홈페이지(http://seoji.nl.go.kr)와
국가자료공동목록시스템(http://www.nl.go.kr/kolisnet)에서 이용하실 수 있습니다.
(CIP제어번호: CIP2019052133)